信田さよ子
NOBUTA Sayoko

母からの解放

娘たちの声は届くか

集英社

母からの
解放
娘たちの声は届くか

はじめに

勇気を出して自分の思いを正直に話してみる

フネさんは理想の母親？

一九七〇年代くらいまでの日本には、「お母さん」というと誰もが思い浮かべる、共通の像がありました。髪をひとまとめにして白い割烹着をつけ、台所に立ってお味噌汁をつくっている女性の姿。そう、あの『サザエさん』のお母さん、フネさんそのままのイメージです。

それより少し前、私が子どもだった一九五〇年代の漫画や映画の作品には、「母もの」というジャンルがありました。画面のなかの母親たちは、みなフネさんにそっくり。やさしげでひかえめなスタイルです。家業に忙しく立ち働く自分の母親とはずいぶん違っていましたので、私には少しうらやましく感じられたものでした。

この流れは、一九六〇年代からはじまるホームドラマ全盛時代を経て、バブルの予兆を感じさせる一九八〇年代まで続きました。家族がそろって鑑賞するテレビ画面のなかの母親たちは、自分のことよりもまず家族の都合を優先させ、髪型も服装も個性を発揮することなく、容姿や体型を目立たせないようなスタイル、女性性を抑えた振る舞いに終始するように造形されていました。

実際には、そのような枠組みから外れた母親も多く存在していたのでしょうが、例外として扱われ、メインストリームからは排除されました。地域や学校では浮いた存在として、完全に無視されていたのです。それほど、かつての母親像は、パターン化された、自我を持たない、忍耐強く夫や子どもを優先させる存在でした。

しかし、このような母親像にもひとつの転換が訪れます。家族の間に小さな衝突が起きても、それを乗り越えていっそう団結する姿を描くことが中心であったホームドラマの世界に、正面から夫婦や家族の崩壊を描いた『岸辺のアルバム』(一九七七年)、『金曜日の妻たちへ』(一九八三年)といった作品があらわれ、従来の家族や母親像にひびを入れたのです。

正確に言えば、専業主婦という幸せにほころびが生じるようになったために、そのようなドラマが歓迎されたのでしょう。

実は、会社で働く父親と家庭のなかで家事や育児をする母親という、「性別役割分業」に基づく専業主婦という女性の生き方が大多数だったのは、一九六〇～一九八〇年代のたった三〇年間でした。戦前は、働く母親というのが、もっと日常的だったのです。

一九九〇年を頂点とするバブル崩壊後、日本はゆるやかな不況と経済的後退の時代に入ります。日本における専業主婦の割合は、年々減少傾向にあり、厚生労働省の「共働き等世帯数の推移」調査によると、二〇一四年には専業主婦の割合は四割程度となっています。テレビドラマの世界では、このような変化を素早くキャッチしていたのです。

「母が重い」と言いはじめた娘たち

二〇〇八年に刊行された拙著『母が重くてたまらない―墓守娘の嘆き』(春秋社)をきっかけに、母親に対する隠された思いが、まるで叫びのように、女性たちから発せられはじめました。雑誌などでも「母娘問題」の特集が組まれ、作家や女優などの著名人たちがインタビューや手記をとおして、次々に「いかに自分の母親が重いか、人生を支配されていたか」と語りはじめたのです。ここまでの反応を予想していなかった私は、大変驚きました。

それまで語られることのなかった母娘問題は、こうして大きく世の中に知れ渡るようになったのです。

その三年後に、さらなる転換が起きました。二〇一一年三月に起きた東日本大震災です。

予想しなかった規模の地震と津波、それに続く原子力発電所の事故(というより破損)に伴う混乱と不安は、多くの人たちにとって忘れられないものでしょう。テレビ等のCMも自粛され、替わって公共広告機構(ACジャパン)により「思いやりと絆」を強調する映像が繰り返し流されました。

このとき興味深く感じたのは、日本の危機を救うべく流されたのが、高齢者にやさしくしたり、親と子が手をつなぐという映像だったということ。決して夫婦が助け合うという姿ではなかったことです。

不思議なことにその後、堰《せき》を切ったように娘の立場から母親を告発するかのような本が次々と出版されはじめました。コミックエッセイの形式をとった田房永子さんの『母がしんどい』(KADOKAWA/中経出版)、女優である母親との確執を描いた、小川雅代さんの『ポイズン・ママ—母・小川真由美との40年戦争』(文藝春秋)を出発点とする、いわゆる当事者本には、それまで直接語られることのなかった母と娘の姿がリアルに描写されています。

かつては一瞬でも、母親をうとましく思う気持ちを持つことはタブーとされ、許されることではありませんでした。娘たちはそんな自分に罪悪感を覚え、それでも苦しみや葛藤、疑問を抑えることができず、ずっと苦しんできたのです。そんな娘たちがやっと自分の思いを正直に言えるようになった、言うことが許されるようになったのです。これは、おおげさに言えば、日本の歴史においてはじめてのことなのです。なんてすごいことなのでしょう。

母にどう対処するか

本書は、そのような娘たちのために、ヘンな母親、困った母親、娘たちのなかに侵入してくる母親たちについて、なぜそんな行動をとるのか、どうすれば距離がとれるのかをできるだけわかりやすく解説していきます。
母親たちが、どのような体験を経ていまのような状態になったのか、できるだけクリアに知ること。それをあちらこちらから研究することがなければ、母親は、いつまでたってもわけのわからない大きな存在のままとなります。母親からの侵入や支配を防ぐことはできないでしょう。

加えて、娘から拒否されてどうしていいのかわからない母親が読んでも役に立つ本になっています。また母のようになってしまうのがこわくて結婚や出産ができないと考えている女性にとっても、不安をとりのぞく役割を果たすと思います。

現在進行形で母にどう対処していいか困っている女性たちを念頭において、具体的な対応方法についても詳しく言及するつもりですから、最後までお読みいただければ幸いです。

本格的な少子高齢化社会を迎え、日本の家族の姿は急速に変貌しています。家族の変化と、母娘に起きている問題とは、もちろん無関係ではありません。このような時代の背景についても、本書では丁寧に述べるつもりです。

紹介する事例は、すべてプライバシーに配慮して私なりにアレンジしたものであることをあらかじめお断りしておきます。想定している娘世代は、三〇～四〇代をメインにしていますが、それ以外の二〇代や五〇代以上の世代の女性にも当てはまる内容になっています。細かい点を除けば、母親たちの姿は驚くほど共通しているからです。

本書のタイトル「母からの解放」には、いくつかの思いが込められています。まず娘たちが母から解放されて、自分らしさを取り戻し、これまでよりずっと楽に生きられるようにとの願いです。それは彼女たちが「娘であること」から解放されることにもなります。また、多くの女性たちが「母になる」「母である」重荷から解放されるようにとの願いも込められているのです。

目次

母からの解放

娘たちの声は届くか

第1章　私はあなたの犠牲になりたくない

第2章 娘の苦しみを理解できますか

第4章　母の呪縛からどう逃げ出すか

第5章　自分の人生を生きるために

第1章

私はあなたの犠牲になりたくない

母親の存在がなぜ子どもを苦しめるのか

「アダルト・チルドレン」と、生きづらさ

長年カウンセラーとして、一対一のカウンセリングやグループカウンセリングなどを実施してきました。一九九五年にカウンセリングセンターを設立して、早いもので二〇年を超えました。

一九九五年はいろいろなことが起きた年です。一月一七日の阪神淡路大震災、三月の地下鉄サリン事件、九月には北京で第四回世界女性会議が開かれ、ＤＶ(ドメスティック・バイオレンス)撤廃に向けて宣言が採択され、大きなニュースとなりました。

ＡＣ、つまり「アダルト・チルドレン」という言葉が流行語になったのは翌年の一九九六年です。私が親子関係に注目したのは、この言葉がきっかけでした。

すでにいろいろな著書でＡＣについては書いてきましたのでここでは繰り返しませ

んが、「現在の自分の生きづらさが親との関係に起因すると認めた人」というのがその定義です。いろいろな意味を含んだ言葉ですが、いちばん大事なのは、「子どもは親の被害者である」ことを最初に指摘したという点です。

日本で子ども虐待、児童虐待が注目されはじめたのは九〇年代のはじめでしたが、それに先立つ八九年にアメリカから伝わったこの言葉は、いち早く子どもの被害者性を明らかにしたのです。

二〇〇〇年に児童虐待防止法(児童虐待の防止等に関する法律)が制定されましたが、ACという言葉の広がりと、それに伴って、当事者による親からの数々の被害を報告する体験記が書籍やインターネット上で公開されたことも、間接的には虐待への関心を生むことにつながり、法律制定への力となったのではないか、と思っています。

一九九五年から女性だけのACのグループカウンセリングにずっとかかわってきましたが、そこで気づかされたことは数多くあり、現在まで私の仕事の柱となっています。もともとはアルコール依存症の親のもとで育った人という意味のACでしたが、しだいにアルコール問題とは離れた言葉として広がっていきました。

流行語になった九六年には、目立った虐待というよりも、親の期待に添うために「いい子」として成長した人たちの生きづらさをはじめて指摘した言葉として歓迎されたのです。あんなにいい子だったのにどうして？　といった、少年犯罪を読み解くためにACという視点が用いられたりしたのです。それまでは「いい子」はいい子以外の何者でもなく、いい子に苦しみなどないと考えられてきました。

いっぽうでACという言葉は、精神科医や評論家、マスメディアなどによって、数々のバッシングに遭いました。原因は自分にあって自分の問題なのに「親のせいにする」なんて、自立を阻害するというものでした。そのときに思ったのは「日本という国は、子どもが親を批判することを決して許さないんだ」ということです。私は一九九六年に『アダルト・チルドレン完全理解』(三五館)という本を著したため、ACの代弁者として、さまざまな場所で批判や揶揄に晒され、ときにはヒステリックな反応を目の当たりにして、日本に根づいた問題の深さを感じたものです。

子どもが親からの期待に添いたいと思うのは、親を支えるためなのです。自分が支えないと親が壊れてしまう、という恐怖が、「いい子」をつくります。自分がどれほど必死に親を支えてきたか、成長してから生育歴を振り返ってはじめて気づき、ACと自認する子どもたち。それはどこか、母親が重いと感じて、「母から離れたい」「母との関係が苦しかった」とはじめて口にする娘たちと重なります。

母親から「あなたのために」と言われて、それは愛情であると思い込んできたことが、ACという言葉を知ることで逆転するのです。やがて、こんな疑問も浮かんできます。

「あれは私のためだったのだろうか」

「母が自分の思いどおりに支配するためだったのではないだろうか」

すべてを愛情と思い込んでいるときは、親の愛情を信じられない自分が悪いのだ、母親の期待に添えないことに問題がある、と考えるでしょう。母親の期待に添えず、母親を幸せにできなかった責任は自分にあるという軸から、自分が悪いわけではない、親の不幸に対して自分に責任はない、という軸への転換は、世界が変わってしまうほどの変化なのです。

母親というキーワード

「親との関係」とひとくくりにしていますが、親には父と母がいます。不思議なことに、ACを自認した多くの娘たちが苦しんでいるのは、酒を飲んで暴力をふるったり、仕事ばかりで家族を顧みない父親との関係ではなく、その傍らで殴られてもかいがいしく夫の世話をしたり、溜め息をつき、グチを垂れ流し、時には弱々しく助けを求めてくるような母親との関係だったのです。

両親双方の犠牲者であるように見えるのに、父親ではなく、どうして母親との関係がそれほど苦しく大変なのだろう。私にはそれが疑問でした。

娘たちだけではありません。息子たちも同様でした。三〇歳のある男性は、アルコール依存症の父親が亡くなってから母親と二人で暮らしていたのですが、カウンセリングにやってきたとき、開口一番こう言ったのです。

「毎日、本当にこわいんです。僕のことばかり見ているんです。仕事から帰ると、ずっと背中に張りつく母の視線を感じるんです。振り返れば、僕の人生なんかありませんでした。母を支えることだけがすべてだったんです。こうやって話していても、背中にずっしりと母の重みを感じています。このままでは、母を殺してしまうかもしれません……。そんな自分がこわいんです」

一見、弱々しい母親の存在が、どうしてこれほどまでに子どもたちを苦しめるのか。それが九〇年代終わりからの私のテーマのひとつでした。

フロイトの精神分析は、父と息子の対立と乗り越えを基本とした壮大な理論です。ところが日本では、あまり注目される問題にならない。なぜ、息子たちは父親との対立で苦しまないのか……。そんなことから、母親の支配というものに注目するようになったのです。

『母が重くてたまらない―墓守娘の嘆き』という本に書いた母親と娘の問題は、ＡＣという言葉を出発点とする、親の支配に苦しむ子どもたちの流れのなかから生まれたのです。

愛情が「毒」になるとき

あなたは私のなかに土足で入り干渉した！

ある日、六〇歳のミツコさんがカウンセリングに訪れました。それまで仲良くやっていたのに、突然娘が携帯に出なくなって悩んでいるというのです。

ミツコさんは、とても六〇歳に見えない若々しさで、自分で会社を経営しています。彼女の娘は三四歳、大手のＩＴ関連会社で働いています。六年前に同僚の外国人男性と結婚しましたが、二年前に離婚。その経過についてはすべてミツコさんも知っており、なんでも話す母子でしたから、精神的、経済的にも応援してきました。

そもそもミツコさん自身が娘を産んで二年後に離婚した、いまでいうシングルマザーです。その後彼女は再婚せず、資格をとり不動産業を起こして順調に自分の生活を築いてきました。

ミツコさんにしてみれば、娘から拒絶される理由にまったく見当がつきません。何が不満だったのか、何が悪かったのか。突然こんなふうに母親を拒絶するなんて、精神的に不安定になったせいではないか。娘の住むマンションもミツコさんが買い与えたものですから、強引に押しかければ会うことはできます。でもそれをしないのは、娘との関係が決定的に壊れてしまうのではないかと考えたからです。

二回目のカウンセリングのとき、ミツコさんは娘から二日前に届いたという手紙を持ってきました。手紙にはこう書かれていました。どれほどこれまで自分が母親を支えてきたか、進学も就職も母親の期待どおりに生きてきたか……と。

ミツコさんには思いもしなかった文面でした。なかでもいちばんショックだったのは「外国人と結婚すれば少しは距離をとるかと思ったのに、あなたは私たちの生活に土足で入り込み、夫婦関係にまで干渉しようとしました。離婚原因はいろいろですがあなたの存在もそのひとつです」という一節でした。

ミツコさんは涙を流しながら、「これまで注いできた愛情をどうしてこんなふうに歪《ゆが》んでとらえるようになってしまったんでしょう。とても正常な状態と思えません。怒りというより心配です。いったいあの子はどうしちゃったんでしょう」と語ったのです。

ミツコさんに限らず、娘(時には息子)から会うのを拒絶され、距離をとられて混乱する母親はほとんど同じ反応をします。娘の急激な変化の理由を、
①精神的混乱、うつ病、もしくは早すぎる更年期
②カルト宗教に勧誘され洗脳された
③おかしな男性にそそのかされた

このうちのいずれかだと推測するのです。いずれにしても自分が悪かったという理由は巧妙に排除されて、娘の問題であると考えている点が共通しています。

重要な点は、母親たちは自分の行為について、善意であり、愛情からだと心から信じ切っていることです。

そのように主張されて泣かれれば、おそらく二〇〇八年以前だったら、ひょっとして現在でも、目の前のクライエントに共感しなければならないと考えるカウンセラーならば、母親の主張を「そうですね」と信じ、なかには娘を「わがまま」とか「甘えてるんですね」などと批判するひともいるかもしれません。

実は、ACという言葉が生まれるまでは、日本の精神科医やカウンセラーの多くは「客観的＝親の立場」と判断をしていたので、娘や息子たちは専門家に相談してもほとんどの場合「あなたの誤解だ」「あなたが悪い」という視線を受けるしかありません

でした。

息子の場合は、まだ「自立心が育った」という解釈をされることもありましたが、娘の場合は違いました。娘が同性である母親を批判することは、理解されることはなく、許されなかったのです。こうしたなかで、どれだけ多くの娘たちが「精神的な病い」というラベルを貼られてきたことでしょう。

それを思うと、本書のような内容が多くの女性の手にとられる時代がきて、本当によかったと思います。やっと、娘の立場からものが言え、本が出版され、ネットでつながることができるようになったのです。

「毒親」という言葉は女性を脅迫する

ところで近年、「毒親」「毒母」という言葉が多く見られるようになりました。

もともとは「子の人生を支配する親」といった背景を持つ言葉なのですが、ここにきて意味が拡大解釈され、ひとり歩きしている感があります。私には、女性たちを脅迫する言葉になっているように思えるのです。

「毒親」が出現する前は「虐待」という言葉が、母親たちを恐怖に陥れてきました。

「子どもを絶対に虐待してはならない」、あるいは「自分の叱り方や言い方が周囲から虐待に見えないように気をつけなければいけない」という呪縛に、多くの母親たちがとらわれていたのです。それが、いまは「毒」に移ったような感じがします。

流行語はひとり歩きしますから、この言葉は、一見ユーモラスにも感じられますが、母親たちにとっては非常に「毒」のあるフレーズです。

「毒母」は当初はACと同じように、強烈な母、束縛する母親から解放されるために子どもたちが発する言葉でした。それが最近では「毒母にならないためにはどうしたらいいか」といったように、母親の側からも使われるようになりました。

脅迫するようなニュアンスが込められ、育児態度が悪いと、「そんなことをしていたらあなたも毒母になりますよ」といったような脅しに使われています。

こんな言葉の使われ方は、子育てから、大らかさや個性を奪いとることになりかねません。本来、多様性に満ちたものが、萎縮してしまうのではないでしょうか。

では、「毒母」は本当に存在するのでしょうか。客観的に判断することはできるのでしょうか。

実は、多くの娘にとっての「ヘンな母親」たちは、一方ではちゃんと人づき合いもでき、常識を大事にし、多数派にすりよりながら、夫の悪口を陰で言い募《つの》りながらも社会に適応している、ごく一般的な社会人です。何より彼女たちは結婚し、出産し、娘たちをいちおう育て上げているのです。

だから、ここで明言しておきたいのは、客観的な「毒母」など存在しないということです。あくまでそれは、子どもにとっての「毒」なのだということです。娘からみて「ヘン」な、自分を苦しめる母親たちは、娘にだけ効力のある「毒」をまき散らしているのです。

このことを理解せず、「毒親」「毒母」と口に出したとたんに、それは母親というものを攻撃し、いかにも毒の基準があるかのような幻想をまき散らします。多くの評者やマスコミは、言葉の持つインパクトが強いこともあって過剰反応し「こんな言葉がありますよ」「へえ、すごいですね」といった興味本位でとり上げているのです。

あくまで、娘たちにとってだけ、母親が「重い」のです。母親のいう愛情が「毒」になるのです。それも、その毒の多くは他人にはまったく気づかれないように、母と娘のあいだに限って効力を発揮するようにつくり出されるのです。

これが、子どもへの虐待と、母娘問題の違うところです。虐待は、身体的な傷や骨折、ネグレクトも含めて、ときには死に至るという、客観的な事実による基準を持てます。だから「誰から見ても」虐待であるということが判断できるのです。

しかし、「毒親」というものには、その基準が持てません。「毒親」「毒母」という言葉は、ある部分で娘たちの立場や苦しみを代弁できるキャッチーな言葉ですが、連呼すると、母親からの反作用や、母性信仰によって成り立っている世間からのバッシングが起きて、「客観的に証明してみろ」などと言われかねません。

この貴重な流れがそんな反論で押し潰されることがないよう、私はあくまでも、母親たちによる愛情が、それを受ける「娘の立場」から重いのであり、毒に感じるということ、つまりこの「毒」は、客観的なものではなく、主観的なものである、ということを大切にしたいと思っています。

娘と競う母、娘に嫉妬する母

主役は私

娘とダイエット競争をする母親は珍しくありません。

最初は「若い子は少し太めのほうが健康的よ。無理にダイエットしなくてもいいのに」などと言っておきながら、自分が体重を落とし娘が失敗すると、「あら、〇〇ちゃんはダメねえ。おデブちゃん」と無神経なひと言でとどめを刺します。

あるいは、バレンタインデーを前に、高校生の娘が台所で手づくりチョコに奮闘していると、横で同じようにつくりはじめる母親。そして、「あなた、下手ね、私のほうが上手にできたわよ」。

こうやって、いつのまにか母親が、「主役は私よ」とばかりに前面に出てくるのです。来談中、三八歳のカオルさんがこんなエピソードを思い出し語ってくれました。

小学校一年生の夏休み、自由研究には母が薦めた金魚の観察日記をつけました。新学期がはじまってすぐに授業参観があり、それぞれ研究を発表することにもなっていたので、熱心にとり組みました。

そして参観日の当日。緊張のうちにもなんとか発表を済ませ、カオルさんがほっとしていると、急に母親が教室の後ろから小走りで壇上に近づいてきました。そして、驚いている彼女の横に立ち、いたずらっぽい顔で言ったのです。

「みなさ〜ん、うちには金魚がたくさんいますよ。欲しい人には差し上げますからね!」

ただで金魚がもらえるのですから、教室のみんなから大ウケです。カオルさんの研究発表は、どこかに吹っ飛んでしまいました。

もっと認められたい

カオルさんの母親は、娘が注目されることに対して、どこか競っていたとしか思えません。多くの人が想像する以上に、このように娘に競争心を持ったり嫉妬したりする母親は多いのです。なぜ、母親たちはこのように娘に競争心を抱くのでしょうか。

そのひとつの理由として、母親がいままでの人生で主役になれる場が少なかったということがあるかもしれません。もしくは、自分が「ひとりの人間として満たされた」という経験がなかったのかもしれません。

カオルさんの母親たちの世代、いわゆる団塊の世代からその少しあとまでに生まれた母親たちは、一九七〇年から一九八〇年にかけて結婚しました。当時は二五歳前後で結婚するのが一般的で、二四歳を過ぎても結婚の予定がなければ、「もう貰い手がない」と、面と向かって言われる時代でした。

それに女性が就職することは歓迎されたわけではありません。よほど生活に困っているか、よほど好奇心旺盛で自分の主張がはっきりしている女性以外は、大学や短大を出てもせいぜい「腰かけ」程度の就職をして、結婚と同時に「寿退社」するのが歓迎されるコースだったのです。その後はめでたく妊娠して、二人か三人の子どもを出産する。これがあたりまえでふつうの人生だったのです。

彼女たちは、自分たちが義務教育で習った、男女平等、基本的人権、両性の合意による婚姻、といったことが、実際には現実とかけ離れたものであるということを、いつのまにか突きつけられることになりました。

大人になるにつれ、自分らしく生きる、自分の意志を持つ、目的に向かって歩む、といった生き方が、女性のふつうの人生とは矛盾してしまうことを彼女たちは知ったのです。

しかし、一度食べたおいしいお菓子や果物の味を、忘れることがないように、彼女たちも、学校で教えられた民主主義や自由と人権について、忘れることはありません。だから、専業主婦になって社会とのつながりが薄れても、ひとりの人間として生きたい、ちゃんと認めてもらいたいと思うことは、不思議ではないでしょう。

娘が成長してきれいになったり、活躍していると、喜ぶよりもまず、自分もそうしたかった、自分もそうやって認められたかった、という思いが先立ってしまう。母親たちの嫉妬の背景には、「母として生きるしかない」「人間として認められていない」という、不全感があるのではないでしょうか。

原因は母親の特性にあるのか

団塊の世代以前の女性のように、最初から自分の人生などないと教えられていれば、ひとりの人間として認められたいというような気持ちは起きないでしょう。

自分ひとりの人生などない、母としてしか生きられない、ということをこころから受け入れていれば、子どもに嫉妬心など湧いてくるはずがありません。息子や娘が成功すれば、それはそのまま自分の喜びになったことでしょう。

どうして自分はそういう経験ができなかったのか、と考えてしまう。つまり「自分にもそんなことができたはずなのに、なぜかできなかった」ということによって嫉妬が生まれるのです。

自分は専業主婦として人生を終えるのに、娘は社会に出て活躍しようとしている。なぜか自分の人生がこんなみじめな状態になってしまった。それもこれも育児にエネルギーを吸いとられたからだ。ひとりで育ったような顔をしていきいきとしているなんて許せない、妬ましい、という気持ちなのでしょう。

昭和のホームドラマでは定番だった、嫁いびりも似たようなものです。嫁は息子に愛され、やさしくしてもらい、毎日いきいきと暮らしている。自分は夫から感謝の言葉ひとつかけてもらったこともないのに。なんて妬ましいのだろう……。自覚があってもなくても、こう感じた姑が、嫁をいびることになります。

よくいわれる、「若さ」「美しさ」に対する嫉妬というよりは、自分が若い頃にできなかった「夫に愛されてやさしく守られる生活」を、息子の妻が過ごしている、ということへの無力感や怒りのほうが大きいのです。

このように嫉妬する母親について、幼児的であるとか、未熟である、時には自己愛人格障害をもじって自己愛母として批判してしまえば、簡単に整理はつきます。けれども、彼女たちを未熟であると批判して、何が生まれるのでしょう。母親にレッテルを貼り、切り捨てることで気が楽になることもありますが、それは長くは続きません。人によっては三〇分くらいでもとに戻ってしまうでしょう。

たった三〇分のすっきり感のためにレッテルを貼る……。むしろ私は、それによって生じるデメリットを考えてしまいます。

母親たちの問題を、個人的な特徴と決めつけ、切り捨てるのは簡単ですが、それによって弊害が起こるのです。このあと、その弊害についてじっくりお伝えしていきたいと思います。

母親とは「不完全な女」である

たまたま女になった

漫画家よしながふみさんの『愛すべき娘たち』(白泉社)という作品のなかに、「母というものは要するに一人の不完全な女の事なんだ」という言葉があります。これは、まさに母親というものを言い得ている気がします。

それまで娘として育ってきた人間が、子どもを産んだからといって、すぐさま理想的な母親になれるわけがありません。自己流だったり、せいぜい自分の母親をお手本に、母親になっていくのですから、まさに人それぞれ。一〇〇人いれば、一〇〇通りの母親となるわけで、「ヘンな母親」というものも、実はふつうの母親から切り離されるものではなく、すべての母親にその要素があるのかもしれません。

もうひとつ重要なポイントは、母親も娘もともに「女性」であるということです。

こんなあたりまえのことを、ここで持ち出したのは理由があります。

そもそも女性であることは「生物的」なことなのでしょうか。生物学や生殖医学などの進歩によって最近明らかになってきたことは、実は完全な男や女はいない、性別も多様である、といったことです。さらにもっと複雑なのは、身体と自分の性別の意識が必ずしも一致しないということです。

近頃「性同一性障害」や「LGBT」という言葉が、ニュースになることが多くなっていますが、女性の身体(卵巣、乳房、子宮といった女性器)を持ちながら、性自認(本人が自分自身の性別をどう見ているかということ)は男性である人たちや、その逆のケースも多いことがわかってきました。こうなると、性別を男女の二分法で判断することと自体に無理があることになります。

同性婚も珍しくない時代がくるでしょうから、そうなると母＝女性という図式も崩れてきます。

なぜこのような話をしたかと言えば、これまで女性たちは、まず生まれたときに、身体的特徴から判断された性別(男か女かのどちらか)によって生き方や、人生の選択の幅を狭められ、さらに、結婚、出産することで、パターン化された「母」という役割を強制されてきたのだ、ということを、誰もが自覚しなければならないと思うからです。

つまり、母という人たちも、たまたま女であり、結婚して子どもを産んだために、「母」になっただけなのです。彼女たちの多くが、「不完全な女」であるのはあたりまえのことなのではないでしょうか。

ミソジニーの視点でとらえてみれば

「ミソジニー」という言葉をご存じでしょうか。上野千鶴子さんの著書『女ぎらい ニッポンのミソジニー』(紀伊國屋書店)の解説によれば、「女性嫌悪」と訳されています。

男性が表現するミソジニーは、「やっぱり女はダメだよな」という、単純でわかりやすい女性蔑視から、もっとわかりにくいものまであります。

たとえば、かつてのハリウッド映画のヒロインには典型的な女性像がありました。『風と共に去りぬ』(一九三九年、原作マーガレット・ミッチェル、監督ヴィクター・フレミング)の主人公スカーレット・オハラは、何かというとわがままを言い、ショックなことがあると失神し、それでいて、いざとなると強い意志力を発揮するという女性です。

つまりちょっと頭が悪く、感情的であること、でも、そこには男性の願望も入っているので、好きな人には一途になり、底力を発揮して助けてくれる女性。

さらに美貌が加われば、ヒロインとしては完璧です。このような姿は男性たちによるミソジニーがもとになってつくり上げられたのです。根底には、女性に対する上から目線があると思います。もう少し複雑に、弱くて無知な女性を教育し、一人前に育てるというパターンも見られます。これは、ミュージカルの『マイ・フェア・レディ』をはじめ、数多くの物語に繰り返し登場します。

注意しなければならないのは、表立って「女性はだめだ」「やっぱり女には任せられない」といった差別をしていないところです。むしろ一見女性を大切にしているように思えますが、実はそうではありません。深い部分では「男が育ててやらなきゃダメなんだ」という女性への蔑視が見られるのです。

レディーファーストも、紳士的とされ、肯定的にとらえられがちですが、実はミソジニーの変形です。弱い女性を守るというとらえ方は、男性は強いということの言い換えです。何を言ってるかわからない非論理性を女性らしくてかわいいと思うのは、論理的なのは男性だけであるということの言い換えです。

さて現代の日本社会は、かつての粗雑な男らしさが消滅したかに見えますが、AK

B48や乃木坂46といったアイドルに熱狂する男性たちの、少女愛好ともいえる風潮は、パンツが見えそうな、まるで小学生のような女性ファッションの流行を生み出すことで、形を変えて生き残っています。これも、本来なら対等な存在である女性を嫌悪する、一種のミソジニーでしょう。

かわいい、きれい、感情的、論理が苦手、起伏が激しい、依存的、弱い。この条件を満たせば、たいていモテの路線に入ることができます。しかし、これこそミソジニーから生まれたものだということを断言しておきましょう。

命令のままに服を脱ぐ娘

このミソジニーという言葉、実は母親たちの奇妙な行動を理解するための、ひとつのキーワードとして挙げることができるのです。

AC(アダルト・チルドレン)が一九九六年に流行語のようになったことはすでに述べました。当時から多くの人たちがカウンセリングに訪れて、「母親がつくった舞台で、自分たちは脇役、主役は母でした」と語りました。

その多くの舞台では、娘と競っておおっぴらに主役を奪うような母親よりも、はるかに暗くて不幸な母親たちが、主人公を演じていました。これらの母親たちは、「恨み」や「呪い」といったネガティブな感情を身にまとい、娘たちを脇役として、自分の思いどおりに操るのです。

カズミさんは三〇代後半の女性ですが、二〇年前に母親にされたことをいまだに生々しくおぼえています。厳しい受験を経て大学に入ったカズミさんは、女子校だった環境から解放されて、これからはのびのびと青春を楽しめると思っていました。「大学に入ったら自由に過ごせるんだから、とにかくいまは勉強しなさい」と、母親から言われ続け、ずっとがんばってきたのです。

ところが、入学式からしばらくたったある日、登校しようとするカズミさんに母親が声をかけました。

「ねえ、最近ちょっと浮わついてるんじゃないの？」

そして母親は彼女の全身をゆっくり上から下まで眺めると、吐き捨てるように「何、そのスカートの短さは……。まるで娼婦みたいじゃないの」と言い放ったのです。

心底不潔なものを見るようなまなざしと、娼婦という言葉によって、カズミさんは凍りつくような気分になりました。自分が女性として着飾ることが「汚らしい、不潔なものである」という刻印を押されたように感じたのです。

そのときは、「お母さんは流行を知らないから」と自分を納得させましたが、母親から投げつけられた言葉は、それから長い間カズミさんの心の深いところに、錘《おもり》のように沈んでいました。

やがてカズミさんは、サークルで知り合った男性に告白され、デートを重ねるようになりました。母親の視線を振り切るように、彼との関係を深めていったのです。

ある日曜日の晩、彼と過ごしてからこっそり帰宅すると、薄暗い玄関で母親が仁王立ちになって待っていました。

不意をつかれて驚いたカズミさんは、思わず叫びました。

「何してるの、こんなところで！」

母はそんな娘の声を凌ぐほどの大声で叫びました。

「お〜いやだ、男の匂いがする！」

そして玄関先で娘につかみかかりました。

「汚い、汚い、さあ、服を全部脱ぎなさい」

それからカズミさんは居間に連れていかれて、母親の命令されるがままに洋服を脱ぎ、最後は下着まで脱いだのです。なぜ全裸になったのか、なぜ抵抗できなかったのか。何度振り返っても、自分の行為もわけがわからないままです。

おまけにカズミさんは、泣きながらこうつぶやいていたのです。

「ママ、ごめんなさい」「ごめんなさい、本当に悪かったわ」

ブラジャーを買ってくれない

実は、カズミさんのような経験をした女性は珍しくありません。思春期になり、娘の胸がふくらんでくると、毎日、上半身裸にして、乳房が膨らむさまを点検する母親もいるのです。

ところで、多くの当事者本が出版されるとネット上のコミュニティでは「ブラジャー母」というジャンルができました。年頃になった娘に、絶対にブラジャーを買い与えない母親へのネーミングです。

娘たちは他の家庭を知らないので、そんな母親のことをヘンだとは思わないまでも、かなり困っています。だって、どうしたらよいのかわからないのですから。

友達に聞いたりして、なんとかブラジャーを手に入れます。大型スーパーには下着売り場もありますので、そこの試着室で中年女性の店員さんにいろいろ教えてもらい、自分に合ったサイズのブラジャーを購入したときは、店員さんがまるで本当のお母さんのように思えたと語った人もいます。

もちろん、同じようなことは初潮を迎えたときにも起こります。私が実施している女性だけのACのグループカウンセリングで、たまたま生理がはじまった際の話題になったとき、ほとんどのメンバーが、「母親には伝えられなかった」と言ったのです。

なぜ、母親に生理がはじまったと言えないのでしょう。同性の親は女性としてもっとも身近な人であり、最初に伝えるのが当然な存在のはずです。おそらく彼女たちは、それを伝えたときの母親の反応が予測できたから言えなかったのです。

「生理があった」と娘から言われても、聞こえないふりをする。もしくは顔をしかめて不機嫌そうな顔をする。父親に告げるときだけ仲良さげに、「早いのよ、この子、もう生理がきたのよ」と話す。いずれにしても自分が不快になるような反応しか予想できないから、娘たちは母にそれを伝えないのでしょう。

女性であることを嫌悪する理由《わけ》

もっと奥深い理由も考えられます。生理がはじまるということは、娘にとって自分が女性である(女というセクシュアリティを持つ)ことを否応なく突きつけられることです。常日頃、母親から聞かされてきた、「女であることで損をした」「女に生まれて何もいいことがなかった」という言葉が染みついているので、そんな「女」になってしまった自分に対して、素直に喜ぶことができないのです。

娘に対し、こういった言葉を繰り返す母親たちは、反面「女はラクよね、パパが働いてくれるから」とも言いますが、本当は女でいることが心底いやなのです。だから娘が女として成熟していく姿を無視するのです。

望ましい親子関係であれば、娘は生理がはじまったことをちゃんと母親に話せるし、母親はそれに対して「よかったわね、これはあなたが女性としての大人になる第一歩だからね。これで将来赤ちゃんが産めるのよ。これはとってもいいことだからお父さんにも話そうね」と応えるでしょう。

ところが多くの母親は、娘が女性として成長し、女性としての楽しみや喜びを味わうことを嫌悪し、妨害するのです。それは嫉妬よりもっと入り組んだ感情です。

女性にとってのミソジニーは、このようなかたちをとってあらわれます。娘がいやなのではなく、娘が「女」になっていくことがいやなのです。なぜなら、母親たちは、女性である自分がいやなのです。

女性が女性であることを嫌悪するのは、一種の自己嫌悪となってあらわれます。誤解しないでいただきたいのですが「私は私が嫌い」ということとそれは同じではありません。ひとりの人間として、性別を超えて存在できれば、それほど自分のことがいやにはならないのですが、女性という「ジェンダー」(社会的につくられた女らしさ)を感じさせられるとき、女である自分がいやになるのです。

女性であることを嫌悪している母親は無意識のうちに、性的存在として成長する娘のことを無視したり、汚いものとして扱ったりします。

本来は肯定され、喜ばしいはずの女性として成長することが母親によって踏みにじられると、娘である女性たちも自らの性を嫌悪することにつながります。性的なことがらを、どこかで汚らしいと思うようにもなります。性的な身体を軽蔑するあまり、自分の体を大切にするということがわからなくなり、自分を傷つけたり、性的な攻撃や虐待を受けながらそれに対して無感覚になってしまったりします。

このように母のミソジニーから娘が受ける影響は計り知れないほど深いのです。

恨みと呪いを身にまといながら……

女であるがゆえに感じる理不尽

母親たちは、どうしてそこまで女性であることを嫌悪するのでしょうか。

ひとつの理由は、やはり男性と比較して社会的な不平等が相変わらず大きいことでしょう。現在の五〇代以上の女性たちならほとんどが、「女のくせに」「女に学問など要らない」「やっぱり女はだめだ」という言葉を、父親をはじめとする男性たちから投げかけられた経験があるはずです。そんな経験が一切ない女性はかなり稀《まれ》なのかもしれません。

女であることを選んだわけではないのに、女であるだけで有形無形の差別や不平等な扱いを受けなければならない。

兄や弟がいる人なら、男だというだけで大切にされる彼らと、自分の立場の違いを感じた人も多いでしょう。自分は進学できなかったのに、はるかに成績の劣る弟だけ大学に行かせてもらえた。五〇歳を過ぎても「思い出すたびに口惜しい」と語る女性は少なくありません。

多くの母親たちは、そんな扱いをした親や社会に怒りをぶつけることもできず、無意識のうちに女に生まれたことを呪い、嫌悪しながら生きてきたのです。

そして、もうひとつの理由は、彼女たちの不幸な夫婦生活です。ほとんどが夫による裏切りからくるものでしょう。

裏切りにはさまざまなものがあります。浮気はその最たるものです。結婚前には深紅のバラの花束を毎月送り届けて、「君を大切にするよ」と宣言した。その言葉を信じて結婚したのに、自分のめんどうを見させるばかりで、育児で疲れ果てても、病気にかかっても、まったく無関心な夫だった、という例も多くあります。

あるいは、自分より子どもを大切にする妻の関心をひくために、しょっちゅう溜め息をついているような夫もいます。妻より子どもより自分がいちばん大切、そんな夫の自分のことしか考えない自己中心性は裏切りそのものです。

彼女たちはこのように結婚生活をとおして深く裏切られ、そのことを恨み、呪っているのでしょう。

人間としても、女としても報われず、一度も注目を浴びたことのない人生。そんな彼女たちに唯一与えられたチャンスは、「母」として表舞台に立つことです。彼女たちは、人生の盛りを迎えようとする娘たちを決して主役にはしません。自らギリシャ神話に出てくるゴーゴンの魔女メデューサのような醜悪な姿に変身してまでも、物語の主役になるのです。

メデューサの髪をよく見ると、無数の蛇がうごめいています。これが母親の「恨み」と「呪い」の数々です。また、目を合わせたものは石に変身してしまうと言われています。そのとおり、母親の屈折した思いをぶつけられた娘は、石のように固まってしまうのです。

娘の妨害をして主役になる

母親には自分が主役になろうとしている、という意識はありません。娘がどんどん成長して美しい女性になっていくのを妨害しているだけなのですが、結果的に主役を食う存在となるのです。

主役になるにはそれなりの力量やそれなりの能力が要ります。一家を金銭的に支える父親は、それだけで主役の資格が与えられるのです。ところが母親にはなかなかそれがありません。

母親たちは、周囲を困らせ、周囲のひとたちに地雷を踏んではだめだと思わせることで従わせるという「主役」になります。このパターンはよく見られるものです。

かつてアメリカでは、ハリケーンには必ずキャサリンやジェーンなど女性の名前がつけられました。実は、台風には目に見えるような実体はありません。海上で発生した低気圧が、強風によって多くの建物をなぎ倒し、多量の雨を降らせて水害を起こすことで、つまり多大な被害をもたらすことで名前がつけられ、擬人化されて「主役」となります。「恨み」を纏《まと》った母親たちもこれに似ているのではないでしょうか。

無意識に周囲を従わせ、なかでも娘たちを自分の思いどおりにすることで、父親からは「さわらぬ神にたたりなし」と恐れられ敬遠されてしまうことで、別の意味で家族を牛耳る主役になることができるのです。このような抑圧された恨みによる主役化は、現在六〇歳以上の母親に多く見られます。

このような母親たちに比べ、先に紹介した、娘とダイエット競争するような母親たちは、もう少しあっけらかんとしています。ストレートに娘より目立ちたがり、嫉妬も隠さず、エネルギッシュに自分が主役であることをアピールしてきます。若々しく、無邪気な主役ぶりに、やさしい娘たちはすっかり食われてしまうのです。
さて、娘たちにとっては、どちらがより恐ろしい母親なのでしょうか。

第2章

娘の苦しみを理解できますか

娘のことは私がいちばんわかっているという自信

私が嫌いなことをなぜするの？

「母親の支配度チェック」というものがあるとすれば、どんな項目が並ぶでしょう。かつてラジオに出演したとき、頼まれて私なりにチェック項目をつくってみたことがあります。

いちばん最初に思いついたのが「娘のことは私がいちばんよくわかっている」というものです。これに丸をつけるひとは、要注意の母です。

「結婚しているけれど、なんのかんのと言ってもあの子のことは、私がいちばんよく知っているのよ」

「娘が私に連絡をしてこないのは、きっと仕事のストレスが溜まってるからです。受験勉強のときもそうでしたが、あの子はいつも、ストレスが溜まると自分の世界に引きこもってしまう癖があるんですよ、今回もそうです」
「かわいそうに、きっと夫婦仲がよくないんだわ。だからあんな男と結婚するなって反対したのに。私のこともあることないこと吹き込まれて、娘は素直だから全部信じ切ってしまったんでしょう。早く会って誤解を解かなければ。私だけがあの子を理解しているんですよ」

例を挙げれば限りないほど、こう考えている母親はいっぱいいます。娘からすれば勝手な解釈ですが、母親にとってはこれが真実なのです。

それはとてもこわいことです。友達より夫より、誰よりも私がいちばんよくわかっているという母親の自信、その自信はちょっとやそっとのことでは壊れません。壊そうとすると、逆にもっと自信が強化されたりするのでたちが悪いのです。

仕事のストレスで体調を崩し、カウンセリングに訪れたトモコさんが、こんなエピソードを話してくれました。

三八歳のトモコさんは、五年前にスキー場で骨折して、三カ月の入院生活を余儀なくされました。車椅子を使わなくては動けませんし、彼女はひとり暮らしでしたので、入院中思い切って隣町に住む母に頼ることにしました。六〇代の母親は驚きながらもいそいそと病院へやってきて、手伝いを約束してくれたのです。

ある日、トモコさんは母親にストロベリー味のキャンディーがあったらついでに買ってきてほしいと頼みました。病院の売店には見当たらなかったからです。ところが母親が買ってきたのは、彼女の苦手な梅干し味の飴でした。

トモコさんにすれば、「子どもの頃から梅干しが大嫌いだということを知っているはずなのに、なぜ?」と、悲しくなってしまいました。しかし母親の反応は、「そうだっけ? お弁当に入れたら食べてたじゃない、せっかく買ってきたのに、いつもそうやって文句を言うのね」というものでした。

お弁当に入っている梅干しと、おやつ代わりのキャンディーとでは話がまったく違います。それにお弁当の梅干しは、好きなわけではなく、体のために母親が入れてくれたのだからと我慢して残さずに食べていたのです。

母の呪文に傷つけられて

振り返ってみれば、母親はトモコさんが何かを頼んだとき、そのとおりにしてくれたことは一度もありませんでした。買ってほしいと頼むと、少し違うものを買ってくる。食べたいものをリクエストすると、必ず別のメニューをつくる、というように。娘の言いなりになるのは、母親の沽券《こけん》にかかわるとでも考えているのでしょうか。

着替え用のTシャツも、トモコさんが普段決して着ないような、派手な色のものを買ってきました。ひとつひとつは細かいことですし、世話をかけているので文句も言えません。入院が長引くにつれ、体の傷は徐々に癒えてきますが、このような小さなできごとの積み重ねによって、ストレスは少しずつ増えていきました。追い打ちをかけたのが、母親のひと言でした。

「こんなに長く仕事を休んでしまって、情けないし、つらい……」

トモコさんがぽろりとつぶやくと、母親はこう言ったのです。

「それも修行よね」

まるで傷口に塩を擦り込むような、弱ったトモコさんに追い打ちをかけるような言葉でした。

「そうね、大変だね」と慰めてくれるのではないか、心のどこかで期待していた彼女は、この厳しいひと言に動揺し、気がつくと涙を流していました。

友人たちは、彼女の焦燥感を理解し、焦らないでもいい、大変な経験だったわね、と見舞いのたびに伝えてくれましたが、それはお世辞かもしれない。でも母親だけはこんな気持ちをわかってくれているのではないか。そう考えたのは、普段からいつも母親が「トモコのことは全部わかっているわ。気持ちもいちばんわかる」と口にしていたからです。

入院生活の経験から、自分のことを守ってくれると信じ切っていた母の存在は幻想だったかもしれないということを思い知らされたのです。

「それでも母は、いまでも『あなたのことは、何でも知っている』と言うんですよ。笑ってしまいますよね。入院は本当にいい経験でした」

トモコさんは吹っ切れたように語りました。

母の言葉、「あなたのことは私がいちばんわかる」はまるで呪文のようだったのです。トモコさんは、この入院生活の経験によって、少しだけ母親の呪いを解くことができたのかもしれません。

ある日突然気づく母親との関係

胸に突き刺さったひと言

「友達と一緒に写っている写真を見た母に、『お母さん、この顔大嫌い』という言葉を投げつけられたことがあります」

三三歳のリエさんは、こう語りました。

高校生の頃、過食と嘔吐を伴う摂食障害を発症しましたが、大学に入るといつのまにか症状はなくなっていました。ところが三〇代になって、再び症状がぶり返したので、カウンセリングにやってきたのです。

「高校の文化祭が終わったあとみんなで撮った写真でした。お決まりのピースサインをしている私はみんなとふざけている楽しそうな表情でした。いつもより可愛く写っているると思って嬉しかったので母に見せたところ、返ってきた返事がそれでした。

気に入っている写真を拒絶された私のショックはとても大きく、自分は可愛くないんだというコンプレックスをその後もずっとひきずってしまいました。その言葉は、大好きな母だったからこそグサリと私の胸に突き刺さったのです。

その後おつき合いした男性が『きみはとっても可愛いよ』と折につけ言ってくれたことで、少しは自信が持てるようになりましたが、ショックは長引きました」

思春期の頃には、ホルモンのバランスも崩れがちで、体重が一時的に増えたり、にきびが出たりするのはよくあることです。リエさんも、自分がそれほど美人ではないと思っていましたから、母親の言葉もしょうがない、と受け止めたのです。

ただ、このときリエさんは母親の言葉の裏にあるものにまったく気づいていませんでした。

リエさんは大学も東京の郊外にある自宅から通い、社会人になってからも親元を離れませんでした。母親のことは大好きだったし、いちばん自分のことをわかってくれている人だと思っていたので、ひとり暮らしをしたいという発想はありませんでした。ただ、楽しく日々を謳歌しているつもりだったのに、摂食障害がぶり返したことによって、自分と母親との関係を見直すべきでは、と気づいたのです。

言葉の裏にひそむ思い

写真に写った娘の姿を「嫌い」と言い切った母親は、思い返してみると、さまざまなシーンで娘を傷つけていました。ところが彼女自身は母の言うとおりだと思い、長い間、母の攻撃をごくあたりまえのこととして受け止めていたのでした。

数学の点数がクラスでトップだったことを帰宅後ウキウキして報告すると、「いい気になっちゃだめよ」「人生はまだまだいっぱい大変なことが起きるんだから」と言われたこと。

大学時代、リエさんが鏡をのぞいていると「よく見るともういっぱいシミがあるのね、ああ、年はとりたくないわね」と笑いながら告げたこと。ボーイフレンドとうまくいかなくて悩んでいるとき「どうせ幸せにはなれないんだから、高望みしないことよ」と言われたこと……。そして、繰り返されたのは「パパみたいな男に引っかからないようにね。それだけは守ってね」という言葉でした。

これらの言葉をそのとおりと思っていたリエさんは、こんな自分が幸せになれると思わず、決して有頂天にならず、男友達ができると父親みたいな男性かどうかということを、まずうかがってきたのです。

リエさんの母親は、おそらく友達と仲良く写真を撮っている娘の青春に嫉妬したのでしょう。自分はそんな楽しそうな高校生活は経験しなかった、もっと閉鎖的な青春時代だった。夫との結婚も正直なところ人生の最大の失敗だったと考えていたのかもしれません。何より、娘が幸せそうに生きることが許せなかったのでしょう。

子どもの幸せを願わない母親はいない、と一般的には思われていますが、現実には、娘の幸せをつぶそうとする母親が少なくありません。カウンセリングで多くの娘の言葉を聞くたびに思い知らされます。

核家族化と少子化によって、子どもたちは親戚をはじめとする、「よその家族」「よそのお母さん」を知る機会を失い、自分の母親が常識であり、ふつうであると考えるしかなくなります。どんなヘンな母親であっても、娘たちは疑問を持たないのがあたりまえなのです。

リエさんは、拙著『母が重くてたまらない―墓守娘の嘆き』を読んで、母との関係にはじめて疑問を持ったのです。そして、カウンセリングを訪れて二年目に、実家を出てひとり暮らしをはじめることができました。

なぜ「ヘンな母親」が増えたのか

高齢化社会が親子の関係を変えた

「ヘンな母親」というのは、娘から見るとわけがわからない、意味不明な、考えれば考えるほど混乱してしまう、そんな行動をとる母親のことを指しています。「変わった母」「個性的な母」というよりも、娘をふりまわしているのに、まったくその自覚がない、話し合っているうちにどんどんすれ違いが広がり、最後は娘がすべて悪いことになってしまう、そんな母親のことです。

このような母親が増えた(と思われる)最大の要因は、「高齢化社会」にあると私は思っています。七〇歳前後で亡くなる人も多かった一九七〇年代までは、「うちの母さんって、なんかヘンじゃないかしら?」と、思う間もなく、母親と別れる時期がやってきたのです。女性たちの多くは、望まなくても必然的に、ある程度の年齢を過ぎると娘という立場にさようならすることができました。

また、ほとんどの娘たちは二五歳前後で結婚し、実家を離れることになりました。頻繁に里帰りすることもできず、嫁ぎ先で姑にいじめられればなおさら、実家の母親が唯一の理解者として理想化されることになります。こうした幻想に支えられ、母親たちは生涯「すばらしい母」のままでいられたのです。

たとえ少し常識外れなところがあった母親でも、最後までメッキが剥がれることなく、亡くなったあとには「いいお母さんだったね」と惜しまれた時代は、ある意味みんな幸せだったのかもしれません。

昭和の時代、成人した子どもは、「孝行のしたい時分に親は無し」と言えましたが、百歳越えの高齢者が六万人を超えるいまでは、いつまでたっても娘であることから解放されることはありません。親の介護を担っているのは、五〇〜六〇代の子どもたちです。かつては老人と言われた年齢のひとたちが、九〇代の親たちを介護しています。

こうして、子どもたちにとっては否応なしに、延々と親とのつき合いが続くことになります。五〇年前には誰も想像しなかったことですから、未曾有の家族をめぐる実験ではないかと思うほどです。このように長寿社会が、よくも悪くも親子のあり方を変えたのです。

ふつうの家族像はどこからきたのか

「はじめに」にも書きましたが、私たちが「ふつう」の家族と考えがちな、働く父と家事・育児の母というスタイルは、それほど長い歴史を持つわけではありません。もちろん、それは法律で決まっているわけでもありません。多くのひとはテレビから流れるドラマや、住宅のCMの光景などに影響されています。

先日も、四〇歳を少し過ぎた男性が、カウンセリングでこう話しました。

「僕はずっと家族がバラバラの家で育ってきましたから、どこかに理想の家族の風景がこびりついているんです。

それって、ほら、あのCMで流されるSハウスの居間の光景ですよ。リビングのソファでおじいちゃんが新聞を読んでいて、そのとなりでおばあちゃんが毛糸を編んでいる。父親はゴルフクラブを手入れしていて、母親は陽光がふんだんに射すアイランドキッチンで紅茶を入れている。二人の子どもたちは仲良く積み木をして遊んでいて、そのそばをペットのポメラニアンが駆け回っているんですね」

彼のように、ひとつの家族像を描き、それに向かって生活を設計するという姿勢はそれほど珍しくありません。でも、そのイメージのもとにあるのは、日本にもともとあった家族の姿ではなく、敗戦後入ってきたアメリカ流の家族の光景でした。

日本にテレビ受像機が普及しだした、一九五〇年代後半。白黒の画面には、『パパは何でも知っている』をはじめとするアメリカのホームドラマが映され、そこでは愛し合う両親と愛らしい子ども、暖炉と大きな冷蔵庫、驚くほど大きな牛乳瓶、庭の芝生を駆け回る犬という舞台装置がそろっていました。

先の男性が言ったCMの家族像は、ホームドラマのなかにあった夫婦を中心とした核家族のスタイルから、祖父母の加わった三世代同居へと変貌していますが、それ以外の要素はほとんど変わってはいません。

昔もいまも紅茶を入れているのは子どもたちのママ(妻・嫁)である女性であり、決してパパではないのです。

ニューファミリーと古いしきたり

一九七五年に終結したベトナム戦争後、アメリカでは帰還兵である男性たちがアルコールや薬物を乱用し、家庭で暴力をふるい、大きな問題となりました。一九八〇年いまます。

代のＤＶや虐待を防止するための社会の動きは、これを契機にはじまったと言われています。

また、イギリスとアルゼンチンの間に起きたフォークランド紛争（一九八二年）でも、従軍した兵士たちの多くに帰還後の精神疾患が認められ、自殺者も多数報告されています。日本でも第二次大戦後、多くの元兵士たちが混乱のなかで家庭を持っただろうこと、そのなかでいまでいうＤＶや虐待が起きていただろうということは想像に難くありません。このような戦争体験者たちを親に持つのが団塊世代です。

親たちの持つ価値観を古いとして乗り越えようとした、団塊の世代が結婚し家庭を持ったのは一九七〇年代。ニューファミリーという家族像がもてはやされました。これは、恋愛によって結ばれた若い夫婦と子どもから成る核家族を中心とする家庭のことで、アメリカ産のホームドラマの家族像に酷似しています。

しかし、敗戦後、憲法が変わったとしても、人間の意識や家族の形態はそれほどすんなり変わるわけではありません。また、都市部と地方の間でも、幅広いグラデーションが生まれ、きしみや衝突のもととなりました。

カウンセリングに訪れた四五歳のユカリさんは、関東近郊の中核都市で、江戸時代から一四代続いた商家のひとり娘。お婿さんをとって、実家にそのまま住んでいます。

広い庭の一角には小さな祠《ほこら》が祀られており、政変や空襲も乗り越え一族を見守ってきました。

この家には代々、商売のやり方や屋敷のほかに、多くのしきたりが伝わっており、家族がそれに従っていますが、なかにはにわかに信じられないような話もありました。たとえば、食べ物について。冷蔵庫の奥に忘れ去られていた食品、コップに入れてみるともう水分と脂肪分が分離してしまっているような牛乳ですら、捨てることは禁じられています。それを、母親に飲みなさいと強要されおなかを壊したこともありました。

先祖から受け継がれた「ものを大事にしなさい」という質素、倹約の精神によって、この家は滅びることなく存続している。このような言葉を子どもの頃から言い聞かされてきましたし、上の者に下が従うのがあたりまえと思っていましたから、反抗することは許されないどころか、思いつきもしませんでした。

どう見ても意地悪としか思えないことを祖母からいつも言われており、涙を浮かべ歯ぎしりしていた母親は、いつの間にか奥歯をすり減らし、とうとう割ってしまいました。そんな姿をずっと見てきたので、ユカリさんも、母親からの命令を拒否することはできなかったのです。

閉ざされた家では親が最大の権力者

ユカリさんは自分の家のこと、母親のやり方しか知らなかったので、それが世の中でもあたりまえだと思っていました。

多くの子どもたちは、自分の家族しか知りません。そのやり方がスタンダードだと思っています。

母娘問題が深刻になった一因としては、子どもの数が減ったことも大きいでしょう。私の子ども時代は三人兄弟というのがいちばん多かったように記憶していますし、なかには五人以上というのも珍しくありませんでしたが、団塊世代がつくったニューファミリーは二人がメイン。ひとりっ子もたくさんいます。

子どもの成長にとっては、外部の目があるかどうかが大きな意味を持ちます。親に兄弟の数が多く、盆暮れには親戚の家に泊まりに行くといった交流があれば、核家族であっても自分の家族、母親のやり方と、他の家族を比較することもでき、閉ざされた家族というものはなくなります。

ユカリさんの場合は、親戚もたくさんあったのですが、本家としての権威を保つために他家からの口出しを拒んできたので、結果的に孤立してしまったのです。

また、もうひとつの理由に、「プライバシー」保護がさまざまな場面で強調されるようになったことが挙げられます。

インターネットの普及によって個人情報の漏えいは厳しく禁じられるようになりました。役所を訪れても、病院を訪れても、個人情報を守ることがいちばん重要であるという仕組みになっています。

これによって、私たちの生活はますます閉じるように働くでしょう。さして重要人物ではない一般のひとたちも、個人情報やプライバシーが守られないととんでもないことが起きる、何かが悪用されて損害をこうむるという疑心暗鬼のなかで暮らしているのです。

同じ町に住む、クラスメイトの電話番号も知らないのがふつうの世の中です。家族が外部から閉ざされれば、その世界では親が最大の権力者となります。

狭いマンションであっても扉一枚隔てれば外部の人間はそこに入ることはできません。悲惨な虐待が起きたニュースを見ると、それほど広くない部屋で手錠を掛けられたり、熱湯を浴びせられるといった行為が起きていることがわかります。家族は閉ざされたとき、親しだいで天国にも、地獄にもなり得るのです。

専業主婦の母親であれば、父親が家にいる時間が少なく、残りの時間は母と子だけです。母親がゆったりとして明るいひとならいいのですが、さまざまな理由から母親の精神状態が不安定だったりイライラしていたらどうなるでしょう。多くの場合、それは子どもたちがすべて受け止めることになるのです。

ユカリさんはその後、夫と子どもの三人で実家からほど近いマンションに引っ越しました。両親、とりわけ母は半狂乱となり「世間体が悪い」と阻止しようとしましたが、彼女は決意を変えず実行しました。

サザエさんがうらやましい

フネさんは五〇歳？

「はじめに」でもお話しした『サザエさん』ですが、もとの漫画を読んだことがなく、日曜の夕方に放映されているテレビ番組として知っているひとのほうが多いかもしれません。

サザエさんシンドローム(症候群)という言葉がありますが、これはあの「おさかなくわえた野良猫……」という主題歌を聞くと、ずーんとうつ状態に陥ることを指しています。ああ、明日は月曜日か、またいやな会社に行かなければならない……と思うからなのです。それほど多くの人たちの生活に入り込んでいるサザエさんですが、お母さんの磯野フネさんは何歳に想定されているか、ご存じでしょうか。

フネさんは専業主婦、お父さんの頭に髪の毛は数本しかなくちょっと老けて見えますが、現役の会社員です。ちなみに当時の会社は定年が五五歳で、お父さんは五四歳、フネさんは五〇歳前後と推察されます。

割烹着をつけてひっつめの髪、おそらく普段お化粧はしていないでしょうから、美魔女が闊歩する今のアラフィフ世代とは雲泥の差、まさに時代のギャップを感じます。

娘のサザエさんは二四歳で、孫のタラちゃんが三歳前後。二〇歳そこそこで出産したという設定です。ご存じのようにマスオさんはお婿さんで、磯野家に同居をしており、食事もお風呂も一緒の暮らしです。ちゃぶ台を使い、布団で眠る家のなかの様子などは、生きた昭和博物館のようにも思えます。

サザエさんの弟のカツオくんと息子のタラちゃんは、叔父さんと甥っ子の関係ですが、年齢が近く、兄弟のようにも思えます。昭和三〇年代には、まだこういった家族構成があったのです。

サザエさんは母であるフネさんとの関係がとてもよかったからこそ結婚しても実家を出ず、婿養子のようにマスオさんと一緒に実家で暮らしています。テレビのなかではこの年齢のまま延々時間が過ぎていきますが、原作者の長谷川町子さんは、当時の平均寿命を前提としてキャラクターをつくっていたはずです。

サザエさんは一九四六年に連載を開始。当時の女性の多くは六〇歳前に亡くなっていましたから、八〇歳なんてとんでもない長生き、五〇歳のフネさんは本当におばあさんでしたし、サザエさんのお父さんの髪の毛がほとんどないのも不思議ではなかったのです。

理想の母と娘

「サザエさん」の原作では、当時の平均寿命からあと一〇年前後でお父さんとお母さんは亡くなることになったでしょう。そうなると、サザエさんはフネさんの娘であることを卒業し、思春期を迎えるタラちゃんの母として生きることになります。

サザエさんはマスオさんの家に嫁いだわけではないので、タラちゃんを産んでもずっとフネさんと一緒に暮らしています。

人気の理由のひとつは、当時の読者女性たちの多くがサザエさんをうらやましいと思ったからでしょう。実家でのびのびと母の助けを借りて出産、育児、家事をこなすというのは、一種の理想像だったともいえます。どこか抜けていて失敗続きのサザエさんでも十分やっていけるのは、夫はやさしく文句を言わないし、フネさんの助けがあってのことです。

いっぽうで男の立場からすると、婿養子に入るのはどこか男として情けないと思われていたのです。「マスオさん状態」という言葉は、褒め言葉ではありません。妻の家に入って妻の家のいいなりになる男として少し軽蔑する雰囲気を持っています。でも本音を言えば、妻の家族と同居してくれるマスオさんのような夫は、当時から女性たちの理想だったのかもしれません。

ではサザエさんにとって「自立」とはなんだったのでしょうか。原作者がそんなことを考えていたとは思えませんが、どこかに親が死ねば否応なくいろいろなことを引き受けなければならないという覚悟はあったでしょう。親の死は二四歳のサザエさんにとってそれほど先のことではありません。フネさんも六〇歳前後で亡くなるかもしれなかったのですから。

親との死別という避けられない運命が、母親と娘とを分かつものでしたし、いまもそうでしょう。昭和のあの時代、それは早ければ娘が三〇代、遅くても四〇代には訪れるものでした。

サザエさんは母親と同居していましたが、マスオさんの実家に嫁いでいたらどうでしょう。頻繁に実家を訪れることなどできず、結婚後ゆっくり母親と語り合うこともないまま、タラちゃんが中学生くらいで永遠に別れなければならなかったのです。

そう考えると、現在の女性たちの多くが、結婚しても実家の近くに住み、育児を母親に助けられて仕事を続ける状況は、一九五〇年代から延々と続いてきたサザエさんの世界が実現したものとも考えられます。

しかしいっぽうで、フネさん(母親)とサザエさん(娘)をめぐるさまざまな葛藤が表面化する時代がやってくるとは、長谷川町子さんも想像していなかったのではないでしょうか。

長くなる「娘」の時間

ロマンチック・ラブ・イデオロギー

もう少し、母親たちの青春時代について考えてみましょう。母親世代（団塊世代前後）、現在六〇～七〇代の女性たちにとって、実家を離れるためには結婚することがもっとも現実的な手段でした。

現在は経済力さえ許せば、未婚の女性がひとり暮らしをすることは、大都市圏ではそれほど珍しいことではありません。ところが母親たちの世代には、実家を出てひとり暮らしをするということは、それこそ大きな覚悟が必要だったのです。

四年制大学進学率は五パーセントに過ぎず、残念なことに一部の女性以外には卒業しても一生食べていけるような就職先はほとんど見つかりませんでした。生きがいや給料で満足できる仕事もない、ひとり暮らしを援助するお金を親が出してくれるあてもないという女性たちは、いくら学歴があったとしても結婚になだれ込んでいくしかなかったのです。それも二四歳を上限としてです。

すでに死語となりましたが、二五歳を超えた女性を揶揄《やゆ》する「売れ残りのクリスマスケーキ」という言葉は一九九〇年代まで使われていました。

恋愛結婚への夢を駆り立てる幻想や考えをロマンチック・ラブ・イデオロギーといいます。読者のみなさんはどう思われるかわかりませんが、六〇年代から七〇年代にかけて、愛と性と結婚が三位一体であるとする考えが一般的でした。

特に女性たちの読む雑誌や小説などは、このような考え方に統一されていたといっていいでしょう。本当に好きな人、愛する人とだけセックスをする、それは即結婚に結びつくという考え方です。いまではほとんど意味を失った処女への信仰もその産物でした。よくよく考えてみれば、この考えが男性に都合よくつくられていたことがよくわかります。処女がすばらしい＝童貞がすばらしいではありませんから。

このように、ロマンチック・ラブ・イデオロギーは、多くの女性を恋愛に憧れさせ、ひとりの男性だけを愛さなければならないとし、結婚になだれ込むように誘導し、縛りつける役割を果たしたのです。

さて、母親世代は、結婚してすぐに現実と直面します。仕事に励み家庭を顧みない夫、それを奨励する社会、孤立した育児、開くばかりの夫との意識の差、経済力を持たないみじめさの自覚……。団塊世代の女性たちは、このような背景のなかで、母となり子どもを育てることになったのです。

親と暮らす娘たち

そんな経験をした母親たちが、娘たちが経済力をつけることに熱心であることはよくわかります。まして結婚は、いまでは三五歳という出産年齢上限に合わせてすればいいと考えている母親たちが多いはずです。

彼女たちは、自分のできなかったことを娘によって達成させようと思うのかもしれません。それとも、自分たちが急いで結婚したことを後悔しているのでしょうか。いずれにしても、結婚だけが幸せではないという、母親たちの苦い思いが、娘たちに影響していることは間違いありません。

結婚の持つ意味が、母親世代においてそれほど重要でなくなったことによって、ひとり暮らしをするのが面倒な子どもは、そのまま親の家に居続けても抵抗がなくなったといえます。

親自身もそれを問題視しないし、子どもたちも経済的に助かるし、まして家事をやってくれる母がいればこの上なく便利です。

もともと、娘は結婚するまでは実家に住むのがあたりまえ、という考えも根強く残っていますから、ずるずると親と一緒に暮らす年月が長くなります。いつまでもひとりの大人として経済的にも生活習慣的にも自立することなく、親が長生きすればするほど、娘や息子である時間だけが長くなっていくのです。

いまでは、六〇代という、サザエさんの漫画ではとっくにおじいさん、おばあさんとして寿命が尽きようという年齢まで同居を続け、九〇代となった母親を介護する息子や娘が珍しくありません。

博報堂生活総合研究所は同居かどうかは別にして、親が存命中の「成人子供」の増加を「総子化社会」と呼んでいます。(次頁図参照)

離れたくても離れられない

もうひとつ、別の理由から親元を離れられない娘たちもいます。

それは、長引く不況の影響です。一九九〇年のバブル崩壊後、長期的に日本経済は

総人口に占める「成人子供」人口の割合の推移

＊2015年以後は推計
博報堂生活総合研究所「生活動力 2013」より

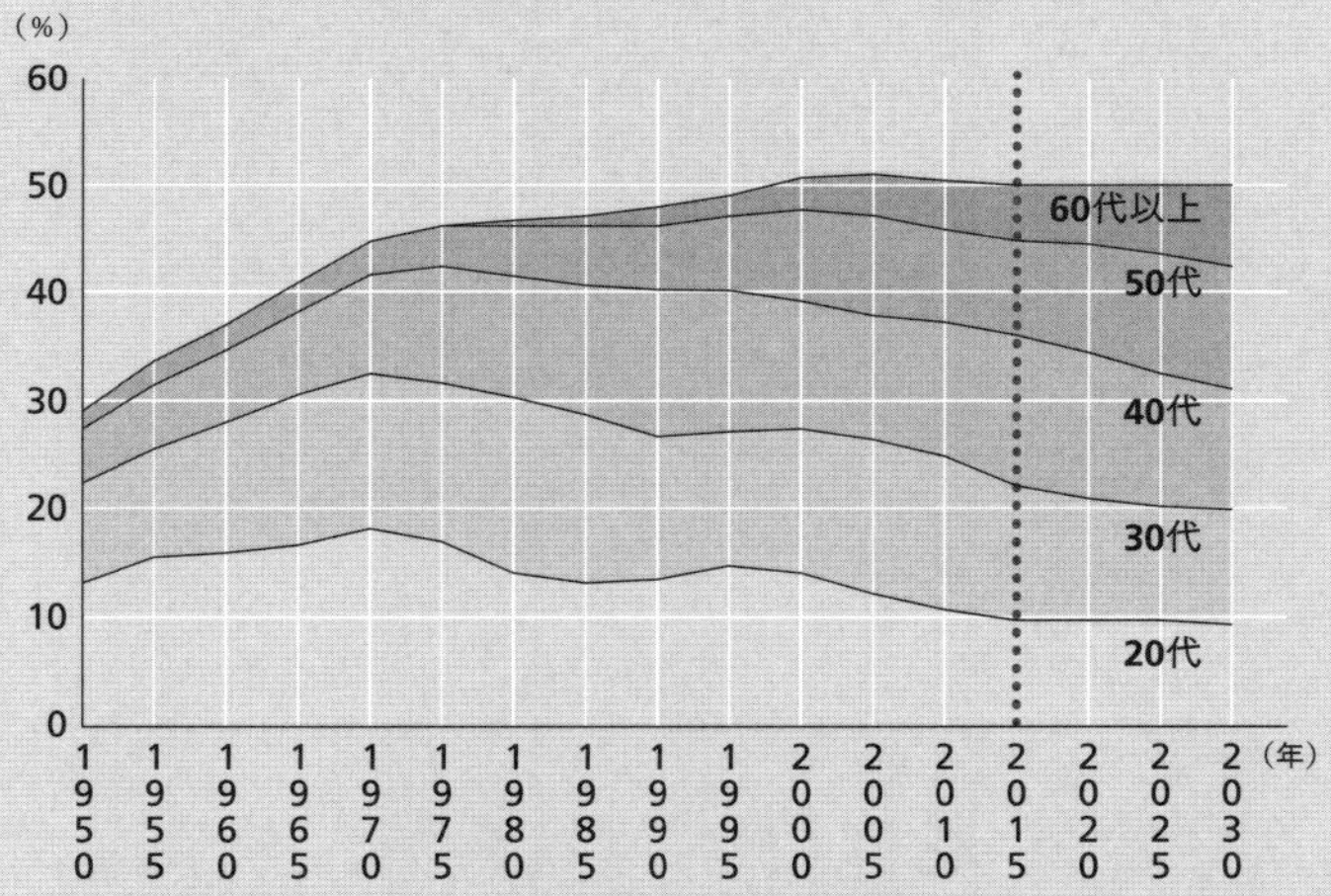

親が存命中の「成人子供」人口が総人口の約半数になっています。
特に注目すべきなのは30代以上の「中高年チルドレン」の増加です。
2030年には総人口の約4割を占める見込みですが、
それに対して未成年子供人口は縮小し続けています。

低迷しており、いまでは非正規雇用者の数が正規雇用者を圧倒的に上回っています。団塊世代の父親たちが、日本経済のために休日も出勤していた時代は、働き口もたくさんあり社会保障もボーナスもあたりまえでしたが、二〇一六年に目を転じてみれば、いっこうに景気上昇の機運が見られませんし、多くの人たちの生活実感も豊かになったわけではありません。

非正規雇用のなかでも契約、派遣という区別が生まれ、その人たちが正社員になれる道はほとんど閉ざされたままだといってもいいでしょう。

カウンセリングに訪れる女性たちでも、同居中のパートナーと二人の収入を合わせてやっと暮らせるという現実は珍しくありません。どちらかいっぽうが病気になったらすべては崩壊する、だから子どもを持つことなんて夢のまた夢である、とあるクライエントは語りました。カウンセリングの料金は保険適用外ですので、その人たちは大きな負担を払って来談するのです。

そんな厳しい現実が、親と同居する息子や娘たちを増加させています。父親、母親世代は日本経済が元気だった頃の恩恵を受けていますので、子ども世代がどれほど厳しい状況に置かれているかに想像力が働きません。振り込め詐欺の被害額に驚いた人たちも多いと思いますが、六〇代〜七〇代の高齢者は、それだけのお金を貯めることができたのです。

いまの二〇代、三〇代は貯金ゼロのひとが珍しくなく、結婚もできず、未婚で親の経済力に依存しなければ生きていけないという現実があります。

首都圏の大学の学生から地方出身者が減少しつつあるのもそのせいでしょう。子どもを東京の大学に出すと、月に約一五万円の仕送りが必要になります。それが可能な親はそれほど多くはありません。だから地元の大学への進学が増えており、結果的に親元を離れるチャンスがないのです。

このように、親世代の長寿化や日本経済の低迷によって、ますます娘たちは親元を離れて暮らすチャンスが少なくなっています。

かつてないほど長くなった「娘」の時間、娘よりはるかに経済力のある母親たち。これだけの舞台装置がそろえば、母親と娘の問題が深刻化することに何の不思議もないでしょう。

ひとりっ子である娘たちは、女として生きながら家を守るというかつての息子の役割も背負わざるを得ません。こんな状況に溜め息をつきたくなるのは、私だけではないでしょう。

親と子はどうやって離れるのか

好きではないけれど利用する関係

親子でいる時間が飛躍的に延びたことはすでに述べましたが、母親と娘の関係には女性が働くことをめぐる状況が大きく関与しています。

娘たちは、生まれ育った家からどうやって離れるのでしょうか。多くの場合、進学、就職、結婚が三大契機といえるでしょう。

しかし、地方で育ち地元の大学や専門学校に進学した女性たちは、そのまま地元で仕事を探すのが一般的です。また、都市部生まれの女性たちも親の希望を汲んで自宅から通学する人が多い。就職後は実家から通勤し、結婚してからも実家の近くに新居をかまえ、親元を離れないのが実情です。いうまでもなく、そのほうが経済的にも精神的にも、物理的にも楽なのです。

保育園の待機児童問題がクローズアップされている昨今では、子どもが生まれたら母親に手伝ってもらえるひとはラッキーです。

とはいえ、母親が子育てに協力してくれるからといって、母娘関係が良好であるとは限りません。母親のことは決して好きではないけれど、便利だから利用している。そんな声が実はたくさん聞こえてきます。

かつては結婚すれば夫の実家に従うのがあたりまえでしたから、実の母親との関係は強制的に切れたものです。ところが今は母子を分断する機会がほとんどないので、親から離れないままの関係がずっと続きます。

ふり返ってみれば、「娘や息子が仕事に就けないで自宅にいる」ことに困ってカウンセリングに訪れる母親は、一九九〇年代からたくさんいました。

いわゆる「引きこもり」と言われる子どもたちです。引きこもりの子どもは、一説によれば七〇万人も存在すると言われます。多くの母親たちは口々に「子どもが出て行かない」と言います。親が言わなくても、一定の年齢になれば自分から家を出て行くものだ、という大前提があるからでしょう。

特に父親にこの考えは強固で、心配する母親を叱りつけて、「時がくればちゃんと家を出ていくから放っておけ」「信じて待っていればいいんだ」と言うのです。

父親たちの言うとおりに「信じて待っていた」ら、いつのまにか息子や娘が四〇歳になってしまった、という悲劇も起こります。

引きこもりのひとつの大きな要因として、両親の夫婦関係の悪さが挙げられると考えています。あらゆる点で、子どもに対する考え方がくい違い、ときには正反対だったりする。口論が絶えずDVも起きる。家庭をそのように居心地の悪い場所にして子どもの活力を奪い、さまざまな可能性をつぶしておきながら、子どもが自分から家を出ると言わないと、奇妙に団結する、そんな親たちが珍しくはありません。

誰のために生きてきたのか

欧米でも個人主義の強いアメリカやフランスでは子どもが大人になったら家から出すもの、という暗黙の了解があります。それが少しずついまは崩れつつあるとも聞きますが、子どもの側も一八歳、一九歳になって親と一緒に住んでいるのはみっともないしつまらないという意識があります。早く大人になってひとり暮らしをして自由を満喫したい、自分の考えで生きたい、大人の文化を享受したいというのが、彼らの望みです。

それが残念ながら日本にはありません。親にも子にも希薄なのです。年齢的にも成長のタイミングから見ても、進学や就職がベストの子離れ儀式です。

ところがすでに述べたように現在は、会社員となっても正社員になれるのが同年齢のうちの三分の一に過ぎないという時代になっています。契約社員や派遣では、貯蓄もできずひとり暮らしの部屋代も出せない。そんな経済的背景が、親元で暮らす若者の激増を生んでいるのです。

せいぜい月三万円ほどの食費を親に渡していれば、部屋代と食費が節約できるし、生活上の便宜もずっと楽だ。こういった日本経済の厳しさと、若者の実家依存は同じ事態の裏と表となって進行しています。

だからこそ、親と子はちゃんと離れる、別れる意識を持たなければならないのです。それを断行するのは子どもではありません。親のほうからすべきなのです。親のほうから意識的に子どもと離れること、可能であれば別に暮らすことを提案すべきなのです。

息子はまだまだそれが可能です。母親にとっては異性なので、距離をとることがそれほど難しくないからです。社会的にも、母親と息子の仲がいいことは、マザコンと言われこそすれ、望ましいこととは考えられないからです。

ところが娘はそうではありません。母親と娘の間に距離がないことは、むしろ望ましいことと考えられています。

今起きている母娘問題は、娘のほうが母親からの呪縛、過干渉、執着といったことに気づいて、距離をとりたがっていることから表面化したものです。悲劇なのは、母親がいっさいそれに気づいていないことです。

さまざまな精神的、心理的諸問題は、思春期以降に起きると言われています。大きな背景として、親からの離脱をめぐる葛藤が指摘されています。

自分はいったい、いままで誰のために生きてきたのか。そして、これからも誰のために生きるのか。母娘問題は、思春期も無事に過ぎ、進学・就職も何ひとつ問題なくクリアしてきた女性たちの懸命な抗議なのです。

「私たちは不登校にもならず、摂食障害にもならずに、社会に適応して何ひとつ問題のない人生を送っている。でもお母さん、苦しいんです。この人生は誰のものなんでしょう。私の人生という気がしないんです、お母さんのために生きてきたのではないか、そう思ってしまうんです。だからお母さんと離れたい、距離をとって自分の人生をとり戻したいんです」

こう娘たちは考えているのです。

記念日症候群

母の日をどう過ごすか

グループカウンセリングで語られる内容を聞いていると、娘たちにとって「鬼門の日」というのがあることに気づかされます。ひとつは母の日、そしてもうひとつは母親の誕生日です。

重要なギフト商戦のひとつということもあるのでしょう。「母の日」が近づくと、デパート、花屋さん、スーパーマーケットの広告など、世の中すべてが染まっていく印象があります。比べてみれば、翌月の「父の日」はなんとなく盛り上がりに欠ける感じがしますし、実際の売り上げも少ないようです。

母の日をどう過ごすか。それは葛藤を抱える娘にとっては思いのほか大きな問題で、たいへんに悩ましい日です。いわゆる「記念日症候群」とも言えますが、なんでもない人には祝うべき楽しい日に、母と娘の関係が、いっきにクローズアップされるのです。

母親と断絶している娘は、その日が近づいてくるにつれ、「私はなんてひどい娘なんだろう」と、落ち込んでしまいます。また、葛藤を抱えながらも母親とかろうじて関係がつながっている人は、「何を贈ればいいかしら？」と悩むことになります。

「母の誕生日や母の日には必ずプレゼントを贈ることにしています。ただ、きっと母が気に入ってくれるに違いないと思うものを贈っても、『ありがとう』とだけ言って、ポーンとその辺に置きっぱなし。いつまでも片づけないんですよ」

そう悔しがるのは、母親思いのアユミさんです。私は彼女にたずねました。

「置きっぱなしじゃ悲しいですよね？　お母さんに、そんな自分の気持ちを伝えたことはないんですか？」

「そうしたら、母はきっと、『ただ置いているだけじゃない。何がヘンなのよ。もらったらすぐに神棚に上げて、拝めばいいわけ？』と言うはずです」

アユミさんは即答しました。

せっかくの娘の気持ちを踏みにじるような態度ですが、こういう母親は珍しくありません。「とても気に入ったわ」とか「ありがとう、大事に使うわ」と娘に言うことを避けているかのようです。どこか娘に負けたという気持ちになるのでしょうか、それとも頑張っていないと、自分より娘が上に立ってしまう、そうなったらおしまいだ、とでも考えているのでしょうか。

感謝ではなく当然

アユミさんの話は続きました。

「たぶん母は、誕生日や母の日に娘からプレゼントをもらうのは、当然だと思っているのでしょう。感謝よりも当然という意識。だから、気に入らないものが贈られたら、『なんだろう、こんなものをよこして。気が利かないわね』とでも思っているんです。実際、それに近いことを言われたこともありますしね」

そうまで言われているのにもかかわらず、アユミさんは贈り物を続けています。

「だから、この頃は自分で選ぶのをやめたんですよ」

意に添わないものを贈って悲しい思いをするより、前もって欲しい物を聞いてからプレゼントするようにしたのです。

ところが、ある年のこと。誕生祝いの希望をたずねると、母親から「今は欲しい物がないの」という答えが返ってきました。「それじゃ欲しい物が見つかったら、すぐプレゼントするから教えてね」と、何も贈らないでいたところ、数カ月後、電話がかかってきて「もうすぐ母の日がくるけれど、誕生日にも何ももらってないのよね」と言われたのです。

アユミさんはそのとき、心底情けなく、自分がみじめに感じられました。「忘れていて買ってないわけじゃないし、欲しい物がないって言ったじゃない」と思ったのですが、それを口に出すことはできませんでした。

ある年など、母親の気に入りそうなプレゼントを考えあぐね、「友達とお食事でもしたら」とお金を渡そうとしたところ、「お金が欲しいわけじゃない」と、きっぱりと断られたこともありました。

アユミさんだけではありません。カーネーションは嫌いという母親に、きれいなバラの鉢植えを贈ったところ、「毎日水をやらなくっちゃいけないじゃない。ちょっと迷惑しちゃってね。とうとう枯らしちゃったわよ」と、傷つくようなことを平然と言われた女性もいます。

そのくせプレゼントが届かないと、「あなた、母の日を知らないの？」と電話をかけてくるといいます。

「母親思いの娘」とは

このように、母親に尽くし続けている娘たちは珍しくありません。彼女たちは、とにかく母親を「放っておけない」のだと言います。何をしてあげても、自分が傷つくことはわかっているのだけれど、何もしないでいるほうがずっと苦しいので、やっぱり母の日や誕生日には、一生懸命に頭を使ってプレゼントを贈ることにしている。こころからの感謝など伝えたくもないのに、なにもしないでいれば、母親からどんな言葉が返ってくるかを考えるとこわくなり、毎年のプレゼントを欠かさない。

これが「母の日を大切にする母親思いの娘たち」の典型でしょう。母親を喜ばせたいというプラスの動機ではなく、贈らないことで起きるできごとへの恐怖というマイナスの動機からなのです。それを商業主義に踊らされていると批判するのは簡単です。しかし、五月の第二日曜に定められた「母の日」が、娘たちにとって、母親との関係を見つめることを求められる一日であることは間違いありません。

世の流れに抗してまで、母親からの要求を無視してまで、母の日に何もしないでいることは、本当に難しいことです。このように、記念日とは、ある人たちにとってはこの上なく残酷なものなのです。

娘にとって父親とは

父親は母娘問題をどう思っているのか

もう片方の親、父親について考えてみたいと思います。娘と母親との確執は、もちろん父親とも大いに関係することです。

いくつかのパターンがありますが、代表的なタイプとして、存在感がまったくない父親、というのが挙げられます。

仕事で多忙だったり、地域の名誉職をやっていたり。仕事や役職、趣味に生き甲斐を感じて多忙な日々を過ごしている男性に多いのですが、彼らは自分の私生活についてはほとんど関心を持っていません。持たないようにしているのです。

なにか意見を言うと、妻から強烈に反論なり抗議の言葉が返ってくるのがわかっているので、家では余計なことを話さないのです。「猛犬に注意」という言葉がありますが、家のなかに「妻」という猛犬を一匹買っているイメージなのかもしれません。

もちろん、表だって反論しない一見静かな妻もいますが、彼女たちのこころのなかにも、実は獰猛なものが存在し、猛反発していることに、そういう夫たちはなんとなく気づいているのでしょう。刺激すると噛まれるので、触らないように、神経を逆なでしないようにそっとしているのです。

「僕はなんにも知らないよ」というスタンスをとっていますが、もともと家族にまったく無関心なのかもしれません。「女のことはわからない」「面倒なことには近寄らない」をモットーにしているのでしょう。

母娘問題をテーマにとり上げるときに、出版社でもテレビ局でも、「いやあ、俺さ、女のことはわかんないから」と逃げる男性がいます。

彼らは、それが責任逃れになるなどと考えているわけではありません。むしろ理解があるからこそ女の世界には立ち入りません、というものです。「家族や家庭といったプライバシーは女性(妻)に任せています」というのが、良心的な態度だと考えているのでしょう。

だから、娘に対して、母親が干渉し執着しているのを、見たり気がついているのに、「それは女同士のことだから」と、知らない風を装っているのです。

このような男性の態度は、一見女性を尊重しているように見えますが、直面するのを避け、責任回避に徹しているだけでしょう。そこには「下々の者たちで勝手にやってよ」という上から目線すら見え隠れします。

両親の関係が与える影響

もうひとつのタイプは、母親が娘に向かって旗を振ると、隣で「フレー、フレー」と掛け声をするようなイメージの父親でしょうか。名づければ「二重奏的な母と父」です。

この場合の父親は、娘の言葉に対しいかにも理解がありそうな態度を取りつつ、妻が登場し反対意見を述べると、すぐ従って掌を返してしまいます。風見鶏という言葉がありますが、状況によってくるくると言うことを変える父親なのです。自分の考えを持たないという点では、この上なく空疎な存在でもあります。

娘から見れば、信じても裏切る父親であり、母親からの攻撃に対して、ストッパーになるどころか拍車をかけることになります。

ただし、このような関係の場合は、子どもにとって最も悲劇である不仲な両親という関係は避けられていますので、まだましといえます。

母親と娘との距離は両親の関係がよいか悪いかとも密接な関係があります。たとえば夫婦のあいだにわずかでも共感するものがあり、子どもの問題は夫婦の問題でもあるという認識があれば、絡まった糸をほぐす一助にもなりえるからです。父親が入ることで母親と娘のあいだの緩衝地帯の役割となることもあるでしょう。

「夫婦の問題は夫婦で解決すべきことである」というあたりまえのことが、どれほど守られていないか。夫との離婚について、娘や息子と相談してから決めるという女性は珍しくありません。自分なりの結論を出してから相談するならまだしも、「娘が反対(賛成)したから」と言って、後々まで離婚の責任を子どもに負わせる母親もいるのです。

不仲な両親を持つ娘の場合、母親との関係が行き詰まって距離をとりたいと願いながらも、決心を鈍らせることがあります。自分が離れた後、母親が家族に無関心な父親と二人だけで過ごすことを想像し、「断絶するのはかわいそうだから、年に一、二回は会ってあげなければ」と考えてしまうのです。

ある四〇代の女性は、六〇代半ばの母親を父親のＤＶから守るために、往復六時間かけ、月に一度必ず実家に帰っていました。結婚してから持った自分の家族よりも、母親のことを最優先してきたのです。

にもかかわらず母親は、娘がドアを開いた瞬間からダメ出しをはじめ、「格好がみっともない」「近所の人に恥ずかしい」などと言い続けます。

あるとき、いつもどおり実家に滞在する四時間半ずっと、父親の悪口と自分への批判を聞かされ続け、帰りの電車のなかで涙が止まらなくなりました。その後、夜中にふと目覚めては、「ああ、母からだらしないと叱られる」と怖くなり、洗面所で一時間も髪にブラシをかけ続けるといった、奇妙な行動があらわれたのです。

周囲の勧めもあって、更年期なのかもとかかりつけの婦人科医に相談したところ、「お母さんの夫婦関係はお母さんの責任なんだから、あなたは手を引きなさい」と言われ、急に重しがとれたように感じました。

その後彼女は、結婚後二〇年近くも続いた実家通いから、やっと解放されたのです。

第3章

基準はいま
自分が幸せかどうか

世界の中心に「私」がいる

女性の幸せと格差

ここで少しだけ母娘問題から離れて、昨今よく言われるようになったマウンティングについて考えてみましょう。格差を見つけて、相手より自分が上だとアピールする態度につけられた、この「マウンティング」という言葉は、漫画家の瀧波ユカリさんが名づけ親です。

現在のように、女性が仕事をすることが一般的でなかった時代には、女性の格差は、家柄、夫の仕事、子どもの学校、美貌、といったものでつけられ、自分の努力でどうにかなるというものではありませんでした。

また格差を気にするのはときには「ひがみ」と言われ、性格が素直ではないからだと思われました。自分の努力でどうにもならないわけですから、あきらめるより仕方がありません。これは、ある意味幸せなことでした。

仕事をする女性や社会で活躍する女性が圧倒的に増えたことで、女性のあいだにも学歴や収入、容姿や能力といったものによって格差が意識されるようになり、「マウンティング」という言葉もいっきに広まることになったのでしょう。

男性はある意味マウンティングだけの人生です。学歴、社会的地位、仕事での上下関係、年収といった、非常にシンプルな要素で上下が決まります。

どれだけイケメンでも、「仕事ができない」と烙印を押されたらそこまで。仕事ができてはじめて価値を持つのです。単純だからこそ実に冷酷なランク分けといえます。

ところが、女性の場合は男性より格差の要因が多く、座標軸が複数あります。

仕事が「できる、できない」ではなく、「している、いない」にかかわらず、夫の仕事、夫婦関係、子どものこと、学歴、家柄などポイントが複数あり、あるところでは勝っても別では負けているといった具合に、男性よりずいぶん複雑になっています。

容姿やファッションセンスなどについては、会った瞬間に値踏みが働きます。子どもに関しても、「あの人は男女ひとりずついる」「あの人はひとりっ子だ」、「うちは女の子しかいなくて悔しい、いつもばかにされる」とか、比較しても仕方がないような事柄まで含まれていて、それはすごいのです。

女性の格差の最上位にあるもの

シンプルな座標軸しかない男性に対して、女性の格差は限りがありません。この格差競争のなかでトップに立つのが、実は努力するのは最悪、努力しないで手に入ったものがいくつあるかで価値が決まる、という階層でしょう。

ハワイの別荘も親の代ではなく「おじいちゃまのもの」とさりげなく言うレベル。軽井沢の別荘も曾祖父の代からで、五台は駐車できるスペースと、庭を小川が流れているのでクレソンはそこでいつも摘むという会話。

ハイクラスとかセレブという表現すら跳ねのける階層として「長い年月を経てきた家柄」であることの価値。何代にもわたり生き残ってきたということはそれだけですごいものがあります。でも、それがあたりまえなので、とり立てて言うことではありません。努力して手に入れたものはすべて成り上がりであるという価値観なのです。

育ちの良さという言葉に込められた、努力は恥ずかしい、必死になるなんて見苦しい、すでにあるものの上におっとりと乗っかって、ぼんやりと何も考えずに生きることが大事、というどこか皇族めいた雰囲気こそ、格差の最上位に位置づくのです。

その下の階層が武器として用いる学歴などはまったく無力です。ひたすら血筋だけが意味を持ちます。皇太子妃雅子さんのハーバード大から東大という学歴を見れば、その無力さは一目瞭然でしょう。日本の女性の格差は、そこ(皇室)を頂点として複雑に入り組んで構成されていることを知っておく必要があります。

家族のなかのマウンティング

努力というものに価値を持たない階層の存在を知ってか知らずか、人と出会うと、上か下かといつも判断する人がいます。人間関係は上下と比較で成り立っているかのようです。

五人いれば、このなかでいちばん偉い人は誰か、と。その直感は犬に似ています。飼い犬も、飼い主の家族で誰がいちばん力があるかを見分けて、序列を意識するといいます。家族のなかでいちばんバカにされている存在は、犬からもバカにされるのです。

男性の場合も女性の場合も、生きる手段として、できるだけ強い人に近づくために上下の判断を行っているのでしょう。でも本来人間関係は対等であり、上下はないはずです。目上の存在、先生と呼ばれる人たちに対しても、尊敬と敬意を払いこそすれ、上下関係ではありません。同じ人間として尊重されることと、敬意を払って「先生」と呼び、言われたとおりに従うことは矛盾するものではありません。

多くの上下関係は、不安と自信のなさ、コンプレックス(劣等感)によって起こります。強い人にペコペコと従う人は、必ず自分より弱い存在に対して威張ったり、支配しようとします。

このような世界を生きていると、絶えず自分が上に立ちたい、そうしなければ踏みつけられてしまうと思うようになります。これがマウンティングにつながります。

家族のなかでマウンティングが行われると、これは本当に悲劇です。会社でさんざん上司から理不尽な扱いを受けてきた父親が、帰宅してから妻に同じく理不尽な要求をし、そのとおりにならないとキレて食器を壊し、殴ったりする。母親は言いたいことがあっても言わずに我慢して、それを娘にぶちまける。娘は必死で母親の言うことを聞き、母親がこれ以上不幸にならないように支える。

あまりにありふれた光景ですが、ここにストレス発散とか、依存という言葉を用いると、そこに動いている支配関係が見えなくなる危険性があります。ストレスという言葉は曲者なのです。「力関係」や「支配」という視点でとらえると構造がはっきりしてきます。

いま幸せかどうか

できるだけ対等に相手を見ること、自分と同じ存在として相手とつき合うこと。これがどれほど難しいか、カウンセラーとしていまでも日々自問しています。

多くの母親たちにとって、家庭は自分の帝国であり、娘は言うとおりになる部下、家臣のようなものです。自分を裏切るはずなどない、と考えています。

また、彼女たちのソフトで作成される文書では、「支配」という言葉はすべて、「愛情」と変換されてしまいます。すべての行為は、愛情がもとになっているのですから、娘が苦しむはずもないと考えています。いっぽうで妻(母親)に対する夫(父親)の言葉や行為も、すべて「愛情」と変換されます。怒鳴っても、殴っても、それはやはり、愛情から出た行為だということになっているのです。これはDV加害者の男性にもいえることで、彼らの多くは妻を愛しているのです。愛するから殴るのです。

娘たちは、このような世界＝家族を生きていくしかありません。どれだけ主張しても、「娘のことはいちばんわかっている私」にとっては、すべてが愛情なのですから、それが理解できない「娘がヘンだ」という結論になってしまいます。そして、「俺が家族を養っている」という父親にとっては、わけのわからないことを言って親を困らせる「娘がわがままだ」という結論になります。

では、このような出口の見えないマウンティング、支配、上下関係に満ちた家族関係から離れるにはどうしたらよいのでしょう。

それは、いつも世界の中心には自分(私)がいる、ということを忘れないことです。家族という帝国に住んでいると、世界の中心に女帝＝母がいるのがふつうになっています。自分で考えているつもりでも、実は女帝ならどう思うかというのが判断基準になっているのです。

だから大事なことは、繰り返し、「私」はどう思うか、どう感じるかを確認するということです。

寒いか、暖かいか。おなかがすいたか、満腹か。疲れているかどうか。痛いかどうか。そして母が重いかどうか。母の言葉に傷ついているかどうか。これらをちゃんと自分に問いかけ確認してみることです。

もっとも大切なことは、自分がいま「幸せかどうか」ということでしょう。なかには、幸せという感覚がわからない人もいます。そんな人は、温泉にゆったりつかってみたり、エステに行ったりして、温かくゆるゆるとした感覚を覚えておきましょう。温かい、おいしい、ゆったりしている。そんなところから、幸せ感は出発するのです。

「自分の幸せ」ということにいちばん重きを置き、そこをすべての基準とすることが何より大切だと思います。

多くの女性たちにはそれぞれの苦しみ、悩みがあります。離婚している、生活費のためにパートに出ている、子どもに障がいがある、ひきこもりの子どもがいる……。一見何の苦労がなさそうな人でも、老いや死というものからは逃れられません。人との格差を見つけておびえたり、腹を立てたり、嘆くのではなく、いつも「自分は幸せかどうか」を問いかけることで、ぶれることは少なくなるように思います。

いつも自分からスタートすること、自分の人生と思えれば、苦しみを乗り越えたときには大きな満足感が得られるでしょう。女帝の考えどおりの人生であれば、いくらお金があっても、そこに満足感はないはずです。

母親を憎む私はヘンですか

妻たちの挫折と不全感

「結婚は愛情だよね」

「そうよ、あたりまえじゃない」

一九七〇年代、団塊世代の多くの女性たちには、親世代のようなお見合いではなく、恋愛で自分の結婚相手を選ぶことがすばらしいという価値基準がありました。一九六〇年代末の学園闘争を経験したあとなので、結婚相手には出世やお金は求めないという価値観もありました。

ところが、「お互い貧しくても愛があれば……」といった価値観で結婚した人たちが、子どもを育て、年齢を重ねるうちにだんだん変わっていったのです。

「大切なのは愛だ」と言っていた夫が、やがて組織の一員として組み込まれ、管理職になり、仕事に邁進していったとき、妻たちはその変貌ぶりに少なからず挫折があったのかもしれません。

団塊女性の専業主婦率がもっとも高いという調査があるように、彼女たちの多くは結婚を機に仕事を辞め、主婦として生きることになりました。自分の仕事や業績などはなく、○○さんの妻、○○ちゃんのお母さんと呼ばれるだけの人生に入らざるを得なかったのです。

それは母親たちにとって、大きな不全感だったと思います。それでも恋愛結婚をした夫は自分を理解していてくれるはず、というわずかな期待感によって、なんとか結婚生活を維持できたのです。

ところが、一九七九年の第二次オイルショックが落ち着き、バブル時代に向かい、夫たちの仕事はどんどん忙しくなりました。「二四時間戦えますか？」というドリンク剤のCMが流れたように、家庭を顧みず仕事に励むことが男にとって価値があるという風潮が一般化していきます。

三〇代になっていた団塊世代の妻にとって、学生時代や結婚前に誓った言葉より、夫にとっては結局仕事のやりがいや出世、会社の人間関係、社会的地位が大事なんだとわかったときのショックは大きかったでしょう。

子どもを理想的に育てたい

夫の変身を見た妻たちは、期待できるのは、そして唯一の味方になってくれるのは子どもだと考えたのでしょう。子どもを理想的に育てることに価値を見出し、それを遂行することが、母である自分の功績になると理解したのです。

子どもを理想的に育てることとは、一部の芸術家やスポーツ選手の家族以外にとってはやはり、学歴を身につけさせることでした。バブル期以前はそれほど大学進学率が高くなく、就職率も高かったこともあり、現在ほど社会の階層化、格差化は進んでいませんでした。そんななかで、学歴をつけることだけが確実なステップアップの方法であると信じられていました。

明治以来、日本は世界に冠たる教育立国として、義務教育に賭ける姿勢は強いものがありました。もっとさかのぼると、江戸時代の寺子屋の普及によって、明治維新時の国民の識字率は欧米よりはるかに高く、日本を訪れたヨーロッパの人たちを驚かせたという歴史もあります。したがって、彼女たちがとびぬけて教育に熱心だったというわけではないのです。戦前の女性との大きな違いは、母親である彼女たち自身もある程度の学歴を持っていたということでしょう。

特筆すべきだったのは、娘に対する教育熱でした。戦後生まれの母親たちは男女平等の理念を知っていましたし、男性が結婚相手に求める条件のひとつに「頭のいい女性」という項目が加わったことも相まって、「男も女もなく学歴こそが重要だ」「結婚に際しても学歴だ」という風潮がいっきに広まったのです。

また、経済力のない悲哀も味わっていましたので、娘にだけはなんとか学歴と経済力を身につけさせたいと思ったのです。

「世の中には、努力しても手に入らないものがたくさんある。家柄や容姿、財産……。でも、学歴だけは努力すれば手に入れられるかもしれない。私は女に学歴はいらないというとんでもない父のために四年制大学に進めなかったけれど、我が子だけは、なんとしても……」

こんな考えから、夫との関係に失望し、結婚の幻想が敗れた母親たちは、娘たちの進学に賭ける熱を高めていったのです。

教育虐待の犠牲者

学歴のない自分の悔しい思いを、娘に晴らしてほしい。いい中学、少しでも偏差値の高い高校へ！

その熱心さ、すさまじさは私から見れば教育虐待ともいうべきものです。両親が不仲なのに、自分の受験勉強に対してだけは協力的だった、という女性は珍しくありません。犠牲者となった娘たちが、たくさんカウンセリングに訪れます。

「つばを呑み込むときだけが自由だった、それ以外の時間はずっと母の監視を受けていました」

「塾があるのが日曜日、それ以外は塾の予習、復習のために別の塾に行き、家庭教師も週二回来ていました」

「家の手伝いなんかしなくていい、とにかく勉強しなさい」「あの子に負けない偏差値の学校に入りなさい」「人よりいい成績をとらないと、あんたの存在する意味はないんだよ」と言う親たち。

友達も親が選び、「ああいう子とは遊んじゃいけません」と言う。理由を問うと「負けの人生が染みついているからだ」と答える。

成績と偏差値アップが至上価値という特殊な家庭環境をつくり上げ、母親は何かにとりつかれたかのように子どもの成績を上げることにのめり込む。

言うことを聞かなければ体罰など日常茶飯事で、物差しで叩かれた、テストの点数が下がったら父親に投げ飛ばされて壁に激突した、シャープペンシルで手の甲を刺されたので芯が一年くらいとれなかった、などなど、書き上げればきりがありません。

一〇年以上前ですが、父親を殺害しようとして、自分の家に放火し母と妹が亡くなったという事件がありました。

高校生だった少年は、テストの点数が悪く結果を改ざんしようとしてもできずに絶望したのです。偏差値が少しでも下がると、父親から激しい体罰を受けており、それがこわくて放火したと述べたのです。

娘たちの言葉を聞くと、いつもその事件を思い出します。本当に親を殺す一歩手前までいったと語る娘は何人もいるのです。

血のにじむような努力をしても、親の希望する中学校(高校、大学)に不合格だった場合はもっと悲惨になります。

自分のすべてを賭けたのにその期待に応えられなかった娘のことを、母親たちは人生の落伍者《らくごしゃ》扱いし、もうどうなってもいいとばかりに心理的に捨ててしまうのです。期待を実現できなかった娘は用済みなのです。

弟や妹が成績がいい場合は、比較して「なんであんただけ出来損ないなんだろう」と露骨に差別的な発言をぶつけるのです。

その要求は私への愛情なの？

このような経験をした人は、最初から、ああ、私は教育虐待を受けているんだと自覚しているわけではありません。

むしろ親の期待に背いてしまった、あんなに塾代を使わせてしまったのに、第三志望の学校にしか入れなかった、という深い罪悪感とともに生きてくるのです。そして何をしても「ダメな私」「どうせ結果はダメでしょ」と考えるようになり、すべての自信を失っています。

それが何かのきっかけで「ひょっとして私だけが悪いんじゃないのでは」「それなりに頑張って生きてきたんじゃないの」「母親の要求は私への愛情からだったのか」といった疑問符がふっと心のなかに湧き上がります。それがいつなのか、何がきっかけなのかは人によって違います。

六五歳のユミコさんがそんな疑問を抱いたのは、誰もいないキッチンで食器を洗っているときでした。

ユミコさんが中学生のとき、母親は賭け事をしては借金を繰り返す父親と離婚しました。それからは女手ひとつで彼女と弟を育ててくれたのです。少なくともそう言い聞かされて、ユミコさんは信じてきたのです。

母親は確かに再婚はしなかったのですが、学校から帰ると、見知らぬ男性が母親と同じ布団で寝ている光景を目にすることが何度かありました。でも、それもすべては子どもたちを育てるためだ、という母親の言葉を疑ったことはありませんでした。

教育熱心だった母親は、公務員という職業に異様な情熱を抱いていました。ギャンブル依存の父に懲りたせいか、堅い職業に憧れていたのです。ユミコさんは勧められるままに地方公務員となり、定年まで勤め上げました。

職場で知り合った男性との結婚を許してもらうとき、条件は母親との同居でした。それまでもユミコさんはつき合う男性には、必ず母親との同居の是非を問いました。現在の夫だけがＯＫしてくれたのです。弟も近県の公務員となりましたが、結婚をせずに暮らしています。

母を憎む私はヘンですか

夫はおとなしい人で、母親と同居してからも文句を言いませんでしたが、成長したひとり娘は高校時代に摂食障害になり、ある晩、「ママは何が大切なの？　おばあちゃんのほうが私たちより大事なの？」と訴えました。

「ママは私たちを見てないでしょ、いつも背後におばあちゃんがいて、おばあちゃんの娘のままなんじゃないの」

そう言われても、当時のユミコさんには少しもピンときませんでした。

その娘も大学を出てからは摂食障害の症状もおさまり、「これからはアジアの時代だ」と高らかに宣言をして、ベトナムでの仕事を見つけて家を出ました。

高齢となった母親は、家庭菜園と整形外科の受診で毎日を過ごしていましたが、ある日道路でころんで腰の骨を折り、それをきっかけに入院し、いっきに認知症の症状があらわれたのです。

娘も母親もいなくなったがらんとした自宅で、食器を洗っているユミコさんの耳に突然、声が聞こえてきました。

「親の心子知らず」「生きていてもなんにもいいことはない」「子どものことを思わない親はいない」

周囲を見回しましたが、誰もいません。母親は病院にいるはずです。いったいどうしてこんなことが起きたんだろう。ユミコさんは幻聴かと思いましたが、もう一度それらをリフレインしてみました。幼い頃から何百回何千回と聞かされてきた言葉でした。いったい母はどんなつもりでこの言葉を私に注ぎ込んだんだろう。

そのときふっと疑問が湧いたのです。母は私のためにこの言葉を語ったのだろうか。私が幸せになるために？　それとも？

これまで一度たりともそれらの言葉を疑ったことはありませんでした。そのとおりだと思い、少しでも母親が生きていてよかったと思えるようにせいいっぱい努力してきたのです。そのために結婚し、公務員になり、いまも世話をしている。でも果たしてこれでよかったのだろうか、私は自分でちゃんと人生を歩んできたのだろうか。

考えはじめると、いろいろな思いが止まらなくなってきます。ひょっとして母は、離婚後の自分の生活を安定させるために私たちを公務員にしたのではなかったか。結婚してからの同居の条件も自分の豊かな老後の暮らしのためだったとしたら……。

ユミコさんは、いままで忘れていた娘の言葉を思い浮かべました。そしてほとんど寄りつかない弟が言ったことも思い出しました。

「お姉ちゃん、早く目を覚ませよ」

「俺はおふくろの面倒みないからさ、これまで十二分に親孝行してるから」

こうしてカウンセリングに訪れたユミコさんは、混乱しながら語りました。「たとえ母が自己中心的だったとしても、これから先が短い母親に対して嫌悪感を持ってもいいのでしょうか。母親を憎んでしまう自分はヘンじゃないでしょうか」と語りながら、涙を浮かべたのです。

すべての娘に共通する思いが、この言葉に込められています。ユミコさんのように、いくつになっても、母親の言葉に疑問符を抱くことはあるのです。

このような女性たちのグループカウンセリングには、三〇代から六〇代まで幅広い年齢の人が参加しています。驚くほど共通しているのは、誰にもわかってもらえないのではという孤立無援感です。信じて交際している男性、あるいは夫からもこう言われてしまうかもしれないと恐れるのです。

「きみってこわいよね、あんないいお母さんなのに、そんなふうに言うなんて冷たくない?」

母親や母親にまつわる常識と対抗するためには、自分と同じような経験をした仲間、自分のことを「それで大丈夫」と温かく背中を押してくれる人が絶対に必要なのです。たとえて言えば、会社の労使交渉では、経営者と対抗するためには組合員の仲間が欠かせません。グループカウンセリングは、仲間と出会える場所なのです。

娘の立場から定義する

積み重なる不快感

いろいろな例をもとにお伝えしてきましたが、「母娘問題」は、思春期を軋轢なく通過し、偏差値の高い大学に入り、いい子、いい娘のまま社会人として働いている娘たち、親との間に何ら問題がなかったような娘たちを中心に表面化してきました。

もちろん、なかには虐待を受けてきた女性たちもいます。虐待といってもその多くは、生命にかかわったり痕が残るわけではありません。受けている最中は「しつけ」だと信じ込まされていますが、おとなになってから振り返って、はじめて親から虐待を受けていたのだと気づくのです。

成人してからも実家で暮らすことに精神的な重圧感はなく、「食費や部屋代もかからず、楽だわ」と言っていた人たちが、ある日突然浮かんだ疑問符とともに、母との関係を見直したいと思う。

なぜ、このようなことが起きるのでしょう。長い間、なんの問題も起こさずに、ふつう以上のいい子として生きてきた娘たちに、何が起きているのでしょう。

おそらくそれは、突然起きる変化のように見えますが、実はずっと蓄積されてきたものなのです。八〇年代に映画やテレビドラマにもなり反響を呼んだ『積み木くずし』というドキュメンタリー小説がありましたが、内容は別として、この表現は、娘たちの気持ちにぴったりだと思います。

積み木を整然と積み上げていくと、どんどん高くなります。そして最後の一個を無理やり積んだとたん、全部がガラガラと崩れてしまう。娘たちに起きる激変、転換はこのようなことではないでしょうか。

もともと数学者によって提唱された用語に「カタストロフィー理論」というものがありますが、このカタストロフィーとは、たとえば水を沸騰させると、ある点から急に気体へと変化する、というような、ある一点を超えると質的にもいっきに変化するという状況をあらわしています。多くの女性たちの母親に対する見え方の変化に接していると、この理論のことを思い出してしまいます。

毎日の母親との生活において、ふとした違和感や訳がわからないという疑問、なんだか疲れるという疲労感、といった複数の感覚が、まるで積み木を積み上げるように、コップに水滴をためるように、静かに雪が降り積もるように、娘のなかに蓄積されていくのです。そしてそれがあるラインを越えると、これまで持っていた母親に対する見え方やとらえ方が、いっきに崩壊するのです。

愛情に違いない、と思っていた行為が、「ひょっとして支配ではないか」、私のためにすべてやってくれていると思っていたのが、「もしかして母親自身の満足のためではなかったか」、父の犠牲になって、かわいそうと思っていたが、「私を防御壁にして、いつも逃げていたのではないか」などなど、まるで白いカードがひっくり返って、黒くなってしまうような変化なのです。

最後のひと押しは「言葉」

実際には、この変化は自然に起きるわけではありません。そこがカタストロフィー理論とは少し違うところです。外部から刺激されることで、この変化は起きるのです。

コップの水は、揺らされれば溢れます。外部の力や刺激が引き金となって、人間関係には変化が起きるのです。

母親と娘の関係についていえば、書店で本を手にとる、雑誌の特集で読む、ネットでいろいろな言葉を知る、といったことが引き金になります。

自然科学的な変化のように、量的な変化が質的な変化に結びつくのではなく、それらを最終的にひと押しする引き金として、「言葉」が必要なのです。

要するに、少しずつ経験が降り積もっていき臨界点に近くなる、それが質的に変化するためには新しい「言葉」が必要なのです。

冷たい母、ちょっと抜けた母を「毒母」という言葉で表現することでまったく視点が変わります。なんだか苦しいという感覚を「母が重い」と言葉で表すことで、まったく世界が変わるでしょう。

ちょっとむずかしいかもしれませんが、これらを「定義」すると言います。母娘問題に引きつけていえば、これまでは母親擁護、母親の立場からの言葉しかなかったのに、はじめて娘の立場に立って表す言葉が生まれ、定義づけられたのです。

言葉が生まれることで、なんとなく感じていたこと、そろそろ臨界点、限界に近づいていていた感覚が、いっきに「そうだったのか」と明確になって、母親像が転換することになったのです。

愛情が支配になるのですから、それは一八〇度の転換ではないでしょうか。

母親の巧妙な支配

失敗は娘のせい、成功は私の成果

いったん言葉によって定義されると、次々と見えてくるものがあります。長年信じてきた母親の行動が、別の視点でとらえられるようになります。そこで登場するのが、母親の「巧妙な支配」です。

支配という言葉で連想するのは、苦しむ農民から年貢をとり立てる無慈非な領主の姿や、拷問して自白を強要する場面でしょうか。最近であれば、妻を殴って言うとおりにさせるＤＶ夫や、女性を逃げないように鎖につないで監禁していた男の事件について、思い浮かぶかもしれません。

しかし母親たちの行動は、具体的な力を使った支配とは違います。このような支配については、ソフト・コントロールと呼ぶ人もありますし、社会学などでは「統治」

や「生権力」という表現によってさまざまに研究されています。自動車工場フォード社の労働を例にとって、ポストフォーディズムと呼ぶ人もいます。

一見相手の主体、意見を尊重するようでいながら、実は巧妙に相手を動かし、うまくいかないときは相手の責任にする。どこか思いあたる気がしませんか。

「あなたのために塾のチラシを集めたわ。いくつもあるけど好きなところを選んでみて。自分が納得いく塾がいちばんだからね」という母親の言葉。まずは、枠組みを自分がつくり、そのなかで娘に選ばせるのです。

このやり方は、ポストフォーディズムと呼ばれる管理、支配と共通しています。規制緩和によって非正規雇用の対象範囲を拡大するとき、政府は「自由に好きなときに好きな仕事が選べる」という言葉をキャッチコピーにしていました。

こういう母親たちは、ふた言めには「あなたのために」と愛情を誇示しますが、最後には「あなたの人生だから、あなたのもの」と突き放します。

塾の例で言えば、教室の方針が合わなくて、成績が思うように上がらなかったとしても、「選んだのはあなたよね、結果はすべて、あなたの責任よ」ということになります。決して親の責任にはなりません。

巧妙に娘を囲い込み、そのなかで選ばせ、うまくいけば母親である自分の成果、うまくいかなければ娘の責任となる。これではまるで、出口のない罠にはまったようではないでしょうか。

無自覚な支配

こうした母親の巧妙さは、親子関係や家族のなかだけ見ていると、母という個人に欠陥があることで起きる問題のように思われるでしょう。

でも、実はそうではありません。この問題は、とても広い射程を持った、社会的で歴史的な変化と対応しているのです。母娘問題を、個人の問題に落とし込む考え方は、母娘問題を狭い世界に閉じ込めてしまおうとするものです。

個人の問題、母親自身の性格や人格のせいにしてしまうと、見落としてしまうものがあります。前の章にも書きましたが、このような理由から、私は「毒母」「自己愛母」といった、母親を批判する言葉に対し、こころから同調することができません。パーソナル(個人的)な観点から、母娘問題を語っている書籍があまりに多いので、正直腹立たしいものがあります。

一九九五年、ちょうど阪神淡路大震災の起きた年ですが、そこからさまざまな日本社会の変動がはじまりました。たとえば、企業の窓口対応がマクドナルドの接客のようなマニュアル重視となり、誰もが決まりきった言葉をまるで機械のように話すという、いわゆるコンビニ化が起きました。

多くの非正規雇用の人たちは、誰にも強制されないのに、まるで自分から望んでいるかのように身を粉にして働くようになりました。ブラック企業は、そのようなシステムを巧妙に使っています。それはまるで母親と娘のあいだにあるような、柔らかな支配といえます。

母親たちは、これらの支配の先駆者でもありました。そのいっぽうで、父親たち(なかでも団塊世代を代表とする)には、このような支配のスキルはありません。厳しく命令したり、怒鳴ったりすることで管理できると考えている世代です。残念ながら、そんな時代は終わりました。これからの社会におけるシステム管理は、母親の娘に対する言動を分析すればもっと豊かなものになるかもしれないと、ちょっとブラックな想像をしてみたくなります。

母親の行動を、このような支配という視点で読み解く専門家はそれほど多くありませんでした。ここで注意していただきたいのは、すべての母親が意図的に労務管理のような支配を仕組んでいると考えるのは大きな間違いだということです。

ポストフォーディズムの統治、支配のモデルは、母親たちの方法であることは述べました。しかし、決定的に異なる部分はその自覚の差です。母親たちは、それが支配や統治であるなどとこれっぽっちも考えていないのです。

「あなたのため」という最強の切り札

彼女たちの頭のなかには、自分のやることはすべて娘のため、自分の行動はすべて母の愛、母親である自分の存在は善、という決して崩れない防弾ガラスで守られたお城が存在しているのです。

どんなに娘が責めようと、どんなに娘が悲しもうと、この防弾ガラスに守られたお城は壊れることがありません。どうしてそれほど堅固なのでしょう。

お城という例えは少し不適切かもしれません。お城という形をとっているのではなく、それは、まるで空気なのです。空気には形がありませんから、空気を責めることはできません。空気に抵抗することもできません。

母親たちは、日本という国に古くから、そして自分が育ってきた時代にもずっと、空気のように広がっていた「母の愛」「親子の絆」「母はすばらしい」という常識、考えに乗っかって、それをバックにしているのです。だから、自分の言動が「支配」だなどと、夢にも思わないでしょう。

ひょっとして彼女たちはもともと、「自分」「私」という考えなど持ち合わせていないのかもしれません。

世間、常識、ふつう、あたりまえ。すべてがこのあいまいな基準で量られ、そこに「私」などない。もしくは、私や自分は、世の中の常識そのものだと思っているので、変幻自在、伸縮自在に拡大しても、はみ出すことはないと信じ切っているのかもしれません。

これでは娘たちは、母親とコミュニケーションをとることなどできません。

都合が悪くなると世間や常識を持ち出し、最後は「あなたのために」という最強の切り札を持ち出す母親たち。正面突破、正々堂々とした娘からの理を尽くしたていねいな話は、すべて柔らかな防弾ガラスを前に脆《もろ》くも敗北するしかないのです。残念ながら。

子どもを産むのがこわい

世代間連鎖は運命ではない

「世代間連鎖」という言葉は一般的にもよく使われる言葉ですが、親から子へと繰り返されるパターンがある、という考え方を指します。

これには一九六〇年代から盛んになった家族療法が大きく影響しています。いくつかの流派がありますが、ジェノグラム(何世代にもわたる家族図)を描き、それを見ながら、現在の家族における関係性と似たものを、過去から探し出すのです。

少し仏教の輪廻転生と似たようなものを感じますが、パターンを繰り返すという視点で過去に起きたことを、現在の家族関係にあてはめてみる、ということが目的です。

そして、そこから出てきたのが、世代間連鎖という考えです。この考えが日本で広がったのは、やはりアダルト・チルドレンという言葉が知られるようになったことからでしょう。

親から子への影響の強さを明らかにしたAC（アダルト・チルドレン）という考えは、いっぽうで子どもたちが自分の受けた虐待を自覚するきっかけとなりました。やがて導き出されたのは、次のようなとらえ方です。

自分の親はなぜ虐待を繰り返したのだろう。振り返ってみると、親もまたその親から愛されなかったのだ、だから同じことを私にしたのかもしれない……。このような考え方は、単純でわかりやすく、多くのひとに受け入れやすかったのです。

一九九〇年代にはACという言葉の広がりとともに、子どもの虐待も相次いで表面化しました。多くの新聞では、なぜ母親がかわいいはずの子どもを虐待するのか、という視点から取材が行われ、特集が組まれました。

そこでキーワードとなったのが、世代間連鎖です。子どもを虐待する母親は、自身も母親から虐待を受けていた……。

虐待事件を読み解きたいと考える多くの読者にとって、新しく目にする「世代間連鎖」という言葉は、スムーズに納得がいく考え方でした。

実は、この解釈は危険性をはらんでいます。なぜなら虐待について、まるで家族に与えられた運命であるように捉えられかねないからです。現在に至るまで、このような解釈を信じているひとは多く、虐待されて育った女性たちは、自分が子どもを産んだら虐待を連鎖してしまうのではないか、という恐怖にさらされ続けているのです。

こんな残酷なことはありません。過酷な親子関係を生きてきたのに、母になったら同じようなことをしてしまうという呪縛に苦しまなければならないのです。

なかには、そのために自分は絶対結婚しないという人もいます。幸せになんかなれないとあきらめてしまうのです。また結婚しても親にはならないという人もいます。虐待をしてしまうと思うからです。

断言しますが、それはまったく根拠のない脅迫でしかありません。連鎖することは、運命であって決められている、そう捉えてしまうことをやめなければなりません。

もちろん、なかには、自分が受けた過ちを次の世代に繰り返していると思われる人たちも、いないわけではないのですが、それと同じだけ、いえそれ以上に、親を反面教師として楽しく温かい子育てをしている女性たちは多いのです。

カウンセリングで出会った多くの女性たちをとおして私はそのことを実感していますので、ぜひ誤解を解いてもらいたいと思います。

危機を脱するための方法とは

ぜひとも知っていただきたいことは、世代間連鎖がもっともはっきりしているのは、父親から息子への暴力の問題であるということです。

父親が母親に暴力をふるうのを見て育った男性の多くが、結婚してから妻に同じような暴力をふるってしまうのです。これがDVの世代間連鎖と呼ばれ、重大な問題として扱われています。

「面前DV」という言葉がこのところ用いられるようになりました。子どもの面前で、親がDVを行うことを指します。

子どもは、直接虐待を受けるだけでなく、DVを目撃することで、深い影響を受けます。二〇〇〇年に制定された子どもの虐待防止法が、二〇〇五年に一部改正され、DVの目撃は「心理的虐待」であると判断するようになりました。

近年では、夫の暴力で妻が一一〇番通報したり、近所の住民が激しい夫婦喧嘩で通報した場合、警察官が駆けつけ、そこに子どもがいたら、すぐに「心理的虐待」として児童相談所に通報するように義務づけられています。

面前DVの経験を持つ男性は、そうでない男性に比べると、結婚した妻に暴力をふるう割合が高く、アメリカの調査によればＤＶをふるう男性の七〇パーセント以上が、ＤＶを目撃して育っていることがわかっています。

私が代表をつとめるＮＰＯ法人が実施しているＤＶ加害者プログラムにおいても、参加者の九〇パーセント近くがＤＶを目撃して育っています。

これらの事実から明らかなことは、虐待されて育った女性が子どもを虐待するという世代間連鎖よりも、父親のＤＶを見て育った男性が、同じように妻にＤＶをふるう確率のほうがはるかに高いということです。

女性の場合は、妊娠すると、あるいはもっと前の独身時代から、自分がされたように子どもにはしたくないという自覚を持つひとが多いようです。そもそも子どもを産むのがこわいと感じる場合もあり、こういう女性は、出産後も育児態度には細心の注意を払います。

それに比べると男性の多くは、成長過程で自分の父親のことを忘れたいと思ったり、二〇歳を過ぎれば子ども時代のことはもう関係ないと断ち切ったり、逆に同じ男として父親の気持ちがよくわかるようになった、などと考えます。自分が父のようになるかもしれないという恐怖が、女性ほど強くないのが一般的です。つまり世代間連鎖の危険性があるなどと考えもしないのです。

それにしても未来の母親である多くの女性をこわがらせ、脅迫するとしたら、世代間連鎖とはなんと迷惑な言葉でしょう。

実は、世代間連鎖という言葉に対して、不安がったりこわがったりする女性は、すでに連鎖の危険性から脱しているのです。そのことを強調したいと思います。とはいうものの、不安や恐怖を抱いているひとたちのために、それを防ぐ方法を述べておきましょう。

もっとも大切なことは、自分と母親との関係を見直すことです。それは、ヘンな母親を許すとか、一方的に責め立てることではありません。母親からいったい何を自分は学んだか、どんな癖を引き継いでいるかを、見直してみるのです。

それは遺産相続と似ています。親が亡くなると、財産目録をつくり、何を相続し、何を相続放棄するかを決めます。遺産の場合は親族や弁護士との話し合いで決めますが、この場合は自分ひとり。もし苦しければ、カウンセラーの手を借りたり、グループカウンセリングの仲間とともにそれを行いましょう。

ここで、何を相続したか、何を放棄しなければならないかについて、次の章から具体的に述べることにします。

第4章

母の呪縛から どう逃げ出すか

自分を責める母親、無関心の母親

摂食障害と母親

母親との関係が大きく影響している、これまでそう考えられてきたのが摂食障害です。一九八〇年代から、いやというほど母子関係を問題にする摂食障害の解説本が出版されました。

最近ではそれに対する疑問も投げかけられるようになり、私自身もそのような固定観念は持たないようにしています。ただ、摂食障害の女性が、一時期母親との関係に深くこだわり、母親からの評価や母親の人生を問題にすることは事実です。

過食や嘔吐の症状が無くなり、摂食障害から回復した女性たちは、そんな時期のことを思い出して「母親が原因だと思っていたけど、いまではそれなりに母親とつき合えるようになった」と語ります。このように、激しい症状を呈したり、自殺を図ったり、大量服薬をした女性のほうが、そこから抜け出たあとは母親と「それなりに」つき合えるようになるのはなぜでしょう。

私は摂食障害の娘を持つ母親たちとも、長年グループカウンセリングをとおして交流してきました。なんとか娘を回復させたいと思い、グループに参加しようとする母親のことを、私はそこそこ評価しています。

主治医や夫から「母親が悪い」「母親の過保護が原因」という批判を受け、世間からも、娘からも責められている彼女たちは、本当に孤立無援といってもいいでしょう。

それにもめげず、藁をもすがる思いでカウンセリングにやってくる彼女たちを、私は責める気にならないのです。なかには自分が若い頃同じように摂食障害だったという母親もいます。彼女たちは母としての自分が果たしてこれでよかったのか、何度も振り返り、自分を責めて苦しんでいます。

そんな母親たちと、次に紹介するクミコさんの母親とを比べてみましょう。

回復と転換点

中学生のときのダイエットをきっかけに、過食、嘔吐を繰り返すようになったクミコさんは、そんな自分を責めてばかりいました。ところが母親はクミコさんがやせたり太ったりしてもまったく気づかないのか問題にしませんでした。

彼女は自分の容姿にしか関心がないようなひとで、いつもクミコさんと体型を比較していました。手足の細さや長さ、胸のふくらみ、など……。クミコさんを鏡代わりにして、「どう？ ママのこの服どう思う」「ねえ、ママ、最近太ったと思わない」と尋ねるのが日課なのです。父親もそんな母親のことをあきらめており、生活費を渡すだけで家族に関心を持たず、休日はほとんどゴルフに出かけて不在でした。

母親は家事も家計管理も苦手で、クミコさんが夕食をつくるのがあたりまえだったので、過食代をこっそり母親の財布から抜きとっても気づかれませんでした。母親は毎日どこに行っているのかわかりませんが、夕食時には戻ってきて、クミコさんのつくった食事を無感動に食べるのです。

過食がひどくなり、勉強時間も減ったクミコさんは、母親に気づいてほしくて、ある日行動に出ます。朝食の前に手首をカッターで切り、母親から見えるようにと、わざと血が流れるままの左手を使って紅茶を飲んだのです。

ところがクミコさんの母親は、今日の紅茶はちょっとぬるくない？ と明るい声で話しただけで、いっこうに彼女の様子に気がつきません。それを見てクミコさんは、ああ、やっぱり駄目だったのかと絶望しました。

こうなったらもう目の前で首でも吊るしかない、と思った次の瞬間、ふと、こんな母親のために死んでしまうなんてどうなんだろう、と考えてしまいました。

死んでしまえば母親は娘のことを思って苦しむのではないか、それなら首を吊る意味もある。無関心な母への復讐にもなるだろう。そう考えながらいっぽうで、母親への復讐だけでこの命を捨てるなんて、という気持ちがむくむくと湧いてきたのです。それが、クミコさんの摂食障害が回復する大きな転換点となりました。

謙虚な母への変貌

皮肉なことに母の徹底した無関心が、クミコさんを摂食障害から回復させ、生き続けることにつながらせたのです。

その後、大学を卒業したクミコさんはイギリスに留学し、そのままインド系移民である男性と結婚し、ロンドン郊外に住んでいます。

数年前、母親が還暦を迎えることになったので、久々にクミコさんは帰国しました。その折に自宅の居間で母親と二人っきりになる時間があったので、ふっと高校時代の話をしてみようと思ったのです。

何を言っても理解されないだろう、と期待はしていませんでしたが、六〇歳になっても昔のままで自分のことにしか関心のない、まるで少女のような母親を見て、ふっと口をついて昔の記憶が出てきたのです。

クミコさんは話しながら、母親にはきっと悪気がなかったのだろうし、今さら苦しかった辛かったと恨みのようなことを聞いてショックを受けるかもしれない、と少し心配になりました。

しかし、彼女の話が終わったとき、母親はあっけらかんと、明るい口調で応えたのです。

「お母さんも若かったし、毎日生きていくのに必死だったのよ」

それを聞いて、クミコさんは、なんだかもうおかしくなって笑いだしてしまったのでした。

クミコさんのなかに、母親への期待がなかったと言えばうそになります。

「ごめんね、若かったから毎日必死だったけど、もっとあなたのことを大事にして、安心させてあげればよかったわね」

ひょっとしてそう言ってくれるのでは、とほんの一筋の希望を抱いていたのです。

ここまで読まれた方は、カウンセリングを訪れて娘の回復のためにいったい何ができるかと真剣に考える母親たちが、どれほど貴重かおわかりになるでしょう。だから私は、摂食障害は母親が原因だなどと軽々しく言う気にはなれないのです。

ではクミコさんの母親と、藁をもつかむ思いでカウンセリングにやってくる母親を分けるものはなんでしょうか。

過食嘔吐という症状が激しい時期、娘たちは母親を責めるのです。その責め方は、苛烈という表現がぴったりくるほど、徹底しています。

「自分がこんな状態になったのは、母親が自分を理解していなかったからだ」「小学校のときいじめを受けていたのに気づかなかった鈍感さが原因だ」「中学校の頃、毎日不眠で苦しんでいたのに冗談だと思ってあざけっていた母親は人間じゃない……」

こうした言葉を毎日のように浴びせます。

なかには暴力をふるったり、母親を追い出したりする娘もいます。逆に「死にたい」「殺してくれ」と母親に頼む娘も珍しくありません。

この地獄のような日々のなかで、母親たちは、自分がどんな母親だったか、自分が娘に対していかに無理解だったかを反省せざるを得ないのです。

つまり、娘たちに苛烈な症状が出た母親ほど、こうして追い込まれることで、はじめて「自分は母親として失格ではないだろうか」と自問する地点に立たされることになり、カウンセリングの場を訪れる「謙虚な母」へと変貌するのです。

母親は変わるのか

自分はいい母親だと信じて疑わない

よく、どうすれば母親は変わるでしょうか、母親が私の苦しみを理解するにはどうすればいいのでしょう、と質問されます。

答えは、グループカウンセリングにやってくる母親の姿にあると思います。彼女たちだって、娘が摂食障害にならなければ、そして毎日のように娘から責められたりしなければ、おそらく本書に登場する「愛情豊かな私」「子育てに成功した私」と信じてそのまま老いていったでしょう。

娘からは「毒親」と思われていたかもしれませんが、そんな想像力もないままに孫を抱っこし、私はいい母親だと疑いもしなかったでしょう。

つまり、母親は追い込まれ、徹底的に批判され、自分が変わらなければ娘は死んでしまうかもしれない、もしくは自分が殺される、家庭が崩壊する、という恐怖を味わうことなくしては変わらないということなのです。

このことは重い事実を突きつけます。娘が社会的に適応し、そこそこふつうに生きているうちは、母親は「自分が問題かも」などと考えないということです。娘が命と社会的生命(仕事や学歴、世間体)を賭けて、ときには精神的健康を損ねてまで迫らなければ、母親は変わる可能性がないのです。

四〇代で独身のミホさんは、アルコール依存症の父親がガンで亡くなってから、引きこもりの姉と母親の三人で暮らしていました。

姉は三〇歳で仕事が挫折してから引きこもり生活に入ったのですが、それまではミホさんにずっと暴力をふるっていました。幸い経済的には不動産収入があり、ミホさんは広告代理店で働きながら家事も受け持ち、なんとか三人の生活を支えることができていました。

ミホさんは母親に対して、子どもの頃からたったひとりの愚痴の聞き手として、精神的支柱としての役割を果たしてきました。そのためか、ミホさんが男性とつき合うたびに、母親はまるでストーカーのようにつきまとったり、いやがらせをして、関係を破たんさせてしまうのでした。

やがて四〇歳を過ぎ、もう出産もできないと思ってからは、ミホさんはこれからもずっと母のために生きるしかないのだとあきらめていました。

しかし母親は、ミホさんの恋愛を邪魔をしていたくせに、女の幸せは結婚だ、孫の顔を見たいと言い続け、親不孝な娘を持ったという愚痴をことあるごとに聞かせるのでした。

私に謝ってください

ある日、健康診断で母親にガンが見つかりました。腎臓ガンで、すでに三期でした。ミホさんはあてにならない姉に代わって、仕事場と病院を往復しました。それでも母親のガンの進行は早く、ある日、主治医からもうひと月も持たないと宣告されました。

それを聞いてミホさんは決心したのです。母親に自分の思いを伝えよう、亡くなる前にこの家族のなかで自分がどんな思いで生きてきたのか、何人か結婚を考えた人がいたのに、なぜあなたはそれを引き裂くようなことをしたのか、と聞いてみようと考えたのです。

母親の意識が鮮明なうちにと思い、ある晩、食事が終わってから、ベッドの横に座り「おかあさん、何も言わずに、とにかく私の話を黙って聞いてほしいの」と口火を切りました。

それから約一時間、ミホさんは極力冷静に、感情的にならずに、母親の目を見つめながら話し続けました。その勢いに押されたのか、母親は話の腰を折ることもなく、はぐらかすこともなく、否定することもなく、ただただ黙って聞いていました。それは、はじめてのことでした。

話し終わってから、ミホさんはゆっくり言いました。

「お母さん、あやまってください、私にあやまってください」

母親は目を泳がせて、何かを言おうとしました。でもミホさんは動じず、逃がすものかとばかりに母親の言葉を待ったのです。

「そうだったの……。本当に、本当にごめんなさい」

ミホさんは、死に逝く母を、こころより弔えるようになりたい、そう思ったのです。自分のこれまでの人生について母に聞いてほしい、苦しみの一端を伝えたい。それをしなければ母は永遠にこの経験を知らずに逝ってしまう。そんなことはさせられない。決死の覚悟でミホさんは告白したのです。

四日後、母親は亡くなりました。ミホさんは喪主として、何もできない姉に代わって葬儀一式をすべて執り行いました。白い骨を拾いながら、これまで一度もミホさんにあやまったことのなかった母親が、ベッドの上で最後に語った「ごめんなさい」という言葉を反芻《はんすう》したのです。

これで、なんとか母親を弔うことができる、そう思いながら見上げた空は曇っていました。


このように、母親が謝罪したり、理解の姿勢を示すようになるためには、娘か母親、いずれかの命を賭けるような行為が必要なのです。言い換えれば、これほどまでに、母親が娘の苦しみを理解するということは、困難だということです。

そこまでしなければ、母親は変われないのです。なんて過酷で、残酷なことなのでしょう。

「母」への批判を封じる日本の社会

日本映画で母親を描けば……

外国の映画を観ていると、画一的ではない、さまざまな母親像が描かれていることに驚きます。もちろん、愛情深いやさしい母親もたくさん描かれていますが、子どもを見放すような母親や、家族を捨てて自分で決めた道を毅然と歩く母親、子どもの人生を喰《く》いつくすような母親といった、多様な姿を、手加減せず表現する多くの監督が存在しています。

ところがなぜか、日本の監督が描く母親たちは、マザコン的理想の権化のようなワンパターンの姿になってしまうのがとても残念です。しかも演じるのは吉永小百合です。母親というものを批判的に描く作品は数えるほどしかない。これは日本映画の限界ではないでしょうか。

日本でも公開されたルーマニア映画『私の、息子』(二〇一三年、カリン・ペーター・ネッツアー監督)は、すぐれた作品でした。ベルリン映画祭の金熊賞を受賞していますが、評価する審査員もさすがだと思いました。

生身の人間としての母親が登場し、息子に対する行き過ぎた愛情と保護、性的な執着、そんな母親の支配を息子がどう感じているのかといった葛藤が、実にリアルに描かれていました。

それに比べ、なぜ日本の男性監督は、支配的な母親の生々しい姿を撮れないのでしょうか。観客を動員できないと踏んで、映画会社がお金を出さないのでしょうか。観客の動員が期待できないということは、大半の男性、いや女性までもが画一的な母親像を持っているということです。そういう視点でしか母親を描けない映画しか受け入れられない現実は、日本の文化を弱体化していくような気がします。

映画に描かれないだけではありません。これまで日本では、母親への批判自体がタブー視されてきたという歴史があります。息子はもちろん、娘も母を批判してはいけませんでした。

ところが、この数年で「実は母親のことで困っている」と、公言できるようになりました。まるで、パンドラの箱が開いたかのようです。ただし、このムーブメントには女性だけが参戦していることを強調したいと思います。最近になってやっと、男性が母親との軋轢を書いた書籍が数冊出版されましたが、それでも女性に比べると、まだまだ少ないと思います。

ということは、日本のメジャーな文化のなかでは、やっぱり「母は命を生み育てる神聖な存在」のままであり、母親と娘の問題は、女性だけの問題に閉じ込めておきたい。そう考えられているのです。

息子より、やっぱり娘

かつてのわが国の母親像は、「耐える母」というのが一般的でした。夫の命令に従い、夫に養われ、夫の掌の上だけで暮らす一生。このような母親たちは、唯一家族のなかで夫に対抗できる息子、それも長男を味方に引き込んだのです。かわいそうな母親を救うのは自分だけ、多くの息子たちはそう信じ込んで育ちました。

船が沈みかけたとき、妻より母親を救うという男性は一定数存在します。そのことを妻にためらいもなく宣言する夫の話を聞かされたときは、信じられない思いでした。

週刊誌の特集に、「息子ラブの母親」という記事がありました。自分の身長を超えるような息子がいまだにかわいくて仕方がなく、「イケメンでしょ」と連れ歩く母親が増えているというのです。もう一方で、美魔女の母親を息子が自慢することも多いようですから、確かにそういう母親はいるかもしれません。しかしおそらくその実態は、息子が母親にサービスをしているにすぎないのではないかと思っています。

この「息子ラブ」という関係は、昭和時代の耐える母と支える息子に比べると、母親と息子のあいだに一定の距離があります。なぜなら、母親たちは決して「息子をマザコンにする母」にはなりたくないからです。

恋人同士のように振る舞う「息子ラブ」と、母親を常に第一と考えるマザコンとを分けるのは、当事者である母親の楽しさと、二人のあいだの距離でしょう。

唯一の味方は息子、だから絶対に放さないという悲愴感の漂う関係ではなく、「若くて美しい息子と一緒に映画やコンサートに出かけるくらい私は若くてきれいなママなのよ」という、デモンストレーションにすぎないのです。

息子にしても、美しい母親というのは友人たちに対して自慢になります。つまり「息子ラブ」という関係性は、観客の目を意識した母親と息子による一種のプレイなのです。

母親と息子に比べて、母親と娘はどうなのでしょう。実は、母親が一緒にいて本当に楽しいのは、娘なのです。異性として距離感のある息子に比べ、同性である娘とは「マザコン」と言われるおそれもなく、隙間なく接することができます。娘のことはすべて知っているし、自分の気持ちを押し付けても、同じ女としてわかってもらえる。これは母にとってはパラダイスそのものの関係でしょう。

六〇代の母親が言いました。

「いくら友達や女子会仲間がいっぱいいたとしても、やっぱり娘は別腹よね……」

しみじみとしたその口調から伝わってきたのは、どんな趣味を持ってもどれほど友人が多くても、娘に勝る関係はない、ということでした。

娘がこの言葉を聞いたらどう思うだろう。それを考えると空恐ろしくなってしまいます。

疑問符をつける五回のタイミング

家族の常識は世間の非常識

娘たちにとって、これまであたりまえとしてきたことに疑問符をつけることが大切だと述べてきましたが、ここで少しまとめてみましょう。

娘が母親に対して「これってどうなんだろう」「いったい母が私のためにと言ってきたことは果たしてどうなんだろう」と疑問符を浮かべるチャンスは、人生のなかで五回訪れます。

最初は小学校高学年からはじまる思春期です。

第二次性徴期を迎えた頃、母親に対して娘はいろいろな主張をするようになります。ブラジャーや生理の問題はすでに述べましたが、摂食障害やさまざまな心理的諸問題があらわれるのもこの時期が多いのです。

二回目は、成人後、親から離れる機会(就職・進学など)をきっかけに、自分の家族や親子関係を少し外側から見られるようになるときです。

自分の家族はふつうだと思っていたけれど、ひょっとしてヘンなのかもしれないと思いはじめるのです。最近の家族は外界から閉ざされていますので、その内実は驚くほど奇妙であることも不思議ではありません。

ミキさんは学校から帰ると、すぐに洋服を脱いで裸になるのが常でした。全身を母親が点検するのです。内心ではいやだと思っていましたが、それがふつうのことだと母親から言われ、我慢していました。

もうひとつ、ミキさんの家族は一緒にお風呂に入るという習慣を持っており、胸が膨らんで生理がはじまってからも、父親や兄たちと一緒にお風呂に入らなければなりませんでした。ある日どうしてもいやになって拒んだら「家族なんだから一緒に風呂に入るのはあたりまえだ!」と父親に怒鳴られて、やっぱり自分に常識がなかったのだと反省しました。

また、母親が父親から殴られたり、自分も髪をつかまれたり蹴られたりも日常的でしたが、どこの家でもそういうものなのだと、二〇歳を過ぎるまで信じていました。父親がいつもにこにこして、家族の誰も殴ったりしない家族が本当にあるのだということを知らなかったのです。

ミキさんは、就職先で仲良くなった地方出身の友人の実家に泊まりに行ったことで、はじめて自分の家族が変わっていたことに気がつきました。穏やかで、静かな生活が本当にあるなんて、そのときまで知らなかったのです。

このように、別の家族を知ることで、これまでの常識にひびが入り、自分の家族や母親に対してはじめて疑問符をつけられるようになるのです。

三回目は結婚です。

夫の家族と接することであまりの違いに驚き、どれほど自分の両親、なかでも母親がヘンであったかということに気づく人は少なくありません。実の母親より夫の母親のほうがずっと好きだ、もし夫と別れることがあっても夫の母親とはずっとつき合いたいという女性もいるほどです。

あるいは夫から「君の母親ってヘンじゃない?」と言われることもあります。多くの娘たちは最初は腹を立てますが、いっぽうで夫の意見に納得する自分にも気づかされます。こうして少しずつ、疑問符がつけられるようになります。

四回目は出産して親になるときです。

遠い昔の私自身の経験ですが、二八歳で出産した際に、あらためて自分自身がどのように育てられたのかを振り返ることになりました。それまでも親との関係についていろいろ考えることはありましたが、具体的な育てられ方について、それほど深く考えたことはありませんでした。

このことはとても大きな意味を持っています。漠然とではなく、具体的に自分の母親の育児を振り返ることができるからです。

子どもに接しながら、母親の自分への接し方を思い出し、どうしてあんなひどい対応をしたのだろう、私は子どもにあんな行動はとれないと思う人もいます。とうていあんなことはできない、いったい母親はどんな目的で私にあんな態度をとったのだろうと、疑問がわいてくるのです。

いっぽうで子どもに接しながら、思わず母親と同じことをしていることに気づく人もいます。母親からされていやだったことをしている自分にショックを受け、腹を立ててしまうのです。

また、母親からされたようにはしたくないと思って子どもにはやさしく接しているのですが、ある瞬間どうしてこの子は私からやさしくされているんだろう、こんなふうに母親は接してくれなかった、と猛烈に子どもに対して腹が立ってくるというひともいます。

いずれにしても、女性は出産と同時に母親のことを振り返るように強いられるのです。もちろんなかには、母親からの温かい思い出を振り返り、再び感謝の意を強くする女性たちも多く含まれていることは言うまでもありません。

そして、五回目は、介護を迫られたときです。

母親が脳梗塞で倒れる、認知症が進行する、骨折を機に寝込んでしまうといったことから、介護に携わることになる女性は少なくありません。

それまではなんとか無難に接してきたのですが、いざ介護を通じて母親にかかわるようになると、それまでは感じたことのない怒りや、よみがえる思い出に苦しむようになります。

本書の読者にそのような方は少ないかもしれませんが、カウンセリングに訪れる六〇代の女性の多くは、介護に直面するなかで母との関係に疑問符をつけた人たちなのです。

男性も親との関係を見直してみよう

このように娘たちには、人生で五回も母との関係に直面するチャンスがあります。

もし疑問符がついたら、どうかぜひ、この機会を逃さないようにしてください。

それでは、男性たちはどうでしょう。母親のことをとやかく言うのは男として恥ずかしい、母親のことは妻に任せている、親のことは二〇歳過ぎたらあまり文句を言ってはいけない、といった考えがいまだに幅をきかせています。

これはとてももったいないことだと思います。せっかく母親との関係を振り返って見直すことができるチャンスを、みすみす逃しているからです。

私たちは二〇歳になれば自動的におとなになるわけではありません。男性にとっても自分と親(父親、母親)との関係を見直し、自分がどんな家庭に育ったのか、どんな父(母)だったのかを整理することは大切なことです。

同じ男性である父からどんな影響を受けているか、母からはどんな影響を受けているるか。もしこれらを尋ねられたら、言葉にして説明できるようにする必要があります。それが自立であり、成人になるということでしょう。

その点で、親のことはどうでもいい、過去のことを掘り起こしても意味ないでしょ、などという男性は、未成熟なままであり、世代間連鎖の危険性をはらんでいると思います。

夫を味方につける

夫にストッパーをかけてもらうために

前の章で、子どもを産むのがこわい、育児に自信が持てないという女性たちがいることについてお話ししました。ここでは母親との関係を悩んでいる人が、出産したり、子どもを育てる場合に気をつける点を述べてみましょう。結婚の予定がない方にもぜひ読んでおいていただきたいと思います。

団塊世代の母親たちについての説明で、少子化とプライバシーの保護が進んだことが、閉鎖的な子育て環境をつくったとお伝えしましたが、この状況はますます進んでいます。

閉鎖的な環境での子育ては母親が孤立しがちで、不安や迷いが増幅してしまいます。母と子の距離が近過ぎたり、支配的になったり、もっとつらい現実としては、子どもを可愛がることができずに育児放棄（ネグレクト）や、虐待するという危険性もありえます。

核家族の場合、母親は自分の行動に対してなかなか外側から見ることができません。とくに、自分の母親の子育てについて疑問を抱いていると、自分の育児行動においてとっさに何が適切か、そうでないかの判断がつけられないことがあります。

そんなときは夫に、自分の育児を率直にかつ正直に評価してもらうことをお薦めします。イクメン志向を持っている男性なら、お互いの育児ぶりについて意見交換ができるのでラッキーです。想像外の意見が聞けることもあるかもしれません。

夫にはあらかじめ「私の母と同じことをしていたら、遠慮なく言ってね」と、言っておくのです。もちろん遅くとも妊娠がわかった時点で、母親との関係を伝えておくべきでしょう。どうせわかってもらえないという気持ちとの戦いですが、勇気を出して、思いきって話をしてみましょう。夫を信じることです。

「親と同じことを繰り返したくないと思っているのだけれど、自信がないの。とってもこわいのよ」

これは自分を支えてもらうために、いざというときストッパーをかけてもらうために、どうしても必要なプロセスなのです。何より夫は、子どもの父親なのですから。

実は夫にも言えないという人は非常に多いのです。最初はその深刻さをわかってくれないかもしれません。「それってきみの考え過ぎじゃないの？」と言われるかもしれませんが、そこを頑張って説明をし、母娘をテーマとする本を読んでもらったり、「実は私カウンセリングに通っているの（通いたいと思っているの）」などときちんと話すことで、だんだん理解してくれるようになるはずです。

すぐに「わかった、僕もがんばるよ」と返事をする夫より、最初は「よくわからない」と正直に言ってくれる夫のほうが、実は頼りになるということもあります。夫自身も親との関係に問題を抱えている場合、理解は早いのですが、自分と似た親子関係であるがゆえの問題が表面化しないとも限りません。

きちんと話すことで前に進む

夫に話すのは、本当は早ければ早いほうがよいのですが、いつであっても手遅れということはありません。

「式はハワイにしましょう。でも、親をハワイに連れて行くのはちょっと……。私たちだけでできないかしら」

「どうして？　あんないいお母さんなのに。晴れ姿を楽しみにしているはずだよ」

こんな会話が発端となって、母親との関係や子どもを持つ不安について、話さざるを得なくなるかもしれません。

母親と自分との関係から、親になる自信がないことをヘンだと思われるのではと気にして、言わないまま結婚したり、逆に、夫になる人に「僕は、子どもなんか欲しくないんだ」と打ち明けられ、戸惑うこともあるかもしれません。このあたりをあいまいにしたまま結婚するカップルがとても多いのです。

なぜなら、二人だけで見つめ合っているうちは問題がないのですが、子どもをどうするかと考えだすと、そこではじめて夫も妻も自分の親との関係が目の前にあらわれてくるからです。

親との関係を御破算にして、結婚を機にリセットされた新しい家族をつくろうと意気込む人ほど、子どもの問題は過去の経験を突きつけられるきっかけになってしまうのです。

まだ自分と母親との関係を夫に対してカムアウトできていない方は、勇気を出してこの機会に話してみてください。本書を読んでもらうのはとてもいいチャンスだと思います。

母親の行動と自分が受けた影響を書き出してみる

書くことで意識的に自分を変えられる

対人関係についての多くの知識は、自分が問題に気がつき必要になったときに、自発的に学びはじめることができます。

ところが育児の場合は、出産のあと、「自分が子ども時代にされたり見たりして学習したこと」「本やネットの情報から学んだこと」「日々体験的に学ぶこと」の三つを駆使して体当たりするほかありません。誰もが手探りで緊張し、間違うことが許されないように感じます。でもそこには正解などありません。

この場合いちばん問題になるのは、親の行為から学習したこと、されたり見たりして学んだことです。自分はあんなことだけはしたくない、と誓った娘たちが、こんどは自分の子育てで悩む。それはとても残酷なことに思われます。

親になることは誰にとっても不安でこわいはずです。「妊娠して子どもを産めば、誰でも幸せなママになれる」という、世の中にはびこっている考えは、それだけで多くの母親を不安に陥れる逆効果となっています。

悩むのはとてもいいことなのだ、そう言い聞かせ、いまの自分の育児を肯定するところからはじめなければいけません。そのうえで、親から「されて学習したこと」「見て学習したこと」がどういうものだったのかを、洗い出す必要があります。

読者のなかには、母親を避けているだけで、明確に母を避けたい理由がわかっていない方もいるかもしれません。しかし、どんなに不愉快でもこの機会に具体的に思い出してみることが必要です。ただ思い出すのではなく、書き出してみることが大切です。書くことで、冷静になって順序立てて見つめ直すことができます。

四つに分け、具体的に書く

また、この方法は、育児中の女性だけでなく、母親との関係に悩んでいるすべての娘たちにとっても効果的です。

コツはできるだけ具体的に書くことです。たとえば、自分の母親は気が短い、とか怒鳴るといった抽象的な表現ではなく、食器をガチャガチャ音を立てて洗った、鞄を投げた、大声でバカと言った、などという具体的な事実を中心とする書き方にしてみましょう。

①状況(いつ、どんなときに)
②母の行動・自分の行動(母が何を語り何をしたか。それに対する自分の発言、行動)
③自分の感情・反応(どんな気持ちだったか、どんな感情が湧いたか、どんな身体の反応が起きたか)
④影響(思い出すたびにどんな感情や考えが定着するか)

このように分けて、エピソードごとに具体的に書きます。
たとえば、こんな風に書いてみましょう。

①夕方五時に下校したら、母から「夕食をつくる手伝いをしなさい」と言われた。
②私は一生懸命フライの粉をつけるのを手伝ったが、手間取った。母は、「どうしていつもドジなの、手伝ってるつもりだろうが邪魔している。なんでこんなこともで

きないのか」と怒鳴った。何も言い返せず「ごめんなさい」と謝った。

③どうしていつも自分はこんなにドジなんだろう、何をやってもうまくいかない、こんな自分は消えたほうがいい、と落ち込んだ。そして手伝っていいのか、それとも母に迷惑だからやめたほうがいいのかわからず、オドオドしてしまった。

④自分が何かしなければならないと思うと、必ず迷惑をかけてしまうんじゃないか、何か言われるんじゃないかと思う。自分はいつも他人に迷惑をかけるという思い込みが強くなった。

このように分けて書き出し整理することは、いまでは精神科医、臨床心理士、看護師などによって広く行われている「認知行動療法」という方法の応用です。実際は④にあたる部分をもっと詳しく書くことが求められますが、本書ではわかりやすくするために、少し変えてあります。日常生活のエピソードの積み重ねをこうして分けてみることで、自分の考え方の癖や習慣に気づき、それを変えるきっかけも生まれます。

その記憶が事実かどうかは重要ではありません。いまの時点から思い出して、それをもとにまとめてみるのです。

ここでは、母親の感情や考えを推測することはしません。あくまで娘の立場から、自分はどんな感情だったか、そのときどんなふうにそれを考えたかを書くことに意味があります。

ここに書き込まれた③の感情は、多くの娘たちが、母親から言われたことを忠実に実行しようとして、母親の言葉を一〇〇パーセント信じなければという考え方から生じた感情です。母親を批判的に思ってはいけないという考え方に基づく感情なのです。

もっとも重要なのは、④の影響でしょう。母親の言葉や行為を疑いもなく受け入れた結果、どんな影響が生じているか、それを振り返って書いてみるのです。例にあるように、母親から言われたように他人にも言われるに違いない、という女性はとても多いのです。母があそこまで言うのだから、他人はもっとひどいことを考えているに違いない。そう考えるからです。

このように短いエピソードから、どんな考え方が習慣となっているか、その影響としてどんな否定的な思い込みが生じているかがわかります。多くの娘たちは、母親から否定され、ほめられることもなく成長してきたのです。どれほど外見が美しく成績優秀であったとしても、深い自己否定感や自分を責める習慣で苦しんでいるものです。それは外見からは想像できない苦しみなのです。

四つに分けて自分の経緯を整理すると「母の言うことは一〇〇パーセント正しい」

「母の言葉を信じなければならない」といった考え方が染みついてしまっていること、それが習慣になっていることが浮かび上がってきます。その深い影響が現在の生活にまで及んでいることも、再確認できるでしょう。

やってみて楽しくはないかもしれませんが、「自分を客観視する」といった、内容のない言葉を唱えるよりも、こうしてノートに書いて整理するほうが、はるかに母親との関係がクリアになり、方向性も見えてくるはずです。

第5章

自分の人生を生きるために

母親との距離感

メールを駆使する母親たち

かつて電話というものは、一家に一台だけあるもので、居間やキッチンにチェックや花柄のカバーをかけて置いてありました。そのうちに親子電話で子機が誕生し、複数台になり、留守電機能もでき、どんどん便利になってきました。

一九九〇年代に大流行したポケベルは、娘たちにとって、はじめて家族に知られずに友達やボーイフレンドに連絡することを可能とした通信機器です。当時の女子高生たちは、公衆電話から連絡するために、テレホンカードというものをたくさん持っていました。その時代の親子の交流は、離れていれば手紙か、せいぜい家電のやりとりで行われていました。

そのうちにあっという間に携帯電話が普及し、通話だけでなくメール機能が加わりました。携帯メールは、同じ屋根の下にいながら顔を合わせることなく意志を伝えることができるという点で、家族関係を決定的に変えることになりました。

五、六年前、カウンセリングにやってくる中高年の母親たちが、娘から送られてくるメールに必死で応える姿にはすごみがありました。驚くほどの速さでガラケーのボタンを押す彼女たちは、若者たちよりもずっと携帯メールを使いこなしていたという印象があります。

子どもに問題の起きた母親たちを対象としたグループカウンセリングは、参加者のほとんどが中高年の女性たちです。数年前からは彼女たちのスマホ率も上がり、グループカウンセリングの最中にわからない固有名詞が登場すると、さっと検索してくれるようになりました。SNSを駆使する母親も珍しくありません。

娘たちにとっていちばん困るのは、母親が送るものすごい数のメールやLINEのメッセージです。受信拒否をすれば一〇倍返しになることが目に見えているので、とにかく受信するのですが、多くの娘たちが「スマホを見るのがこわい」と言います。

かつての電話よりましだとは思いますが、一日に五〇通ものメールが送られてくるような事態は恐怖でしかないでしょう。一方的に送りつけ、返信がないといってはまた文句を送信する。このようなパターンは娘を精神的に追い込みます。

また、娘が意図的に距離をとっていると、「わかった、もうしばらく連絡しないから安心してね」といかにもものわかりのよさそうなメールを送っておきながら、娘のフェイスブックを開き、行動をチェックする。娘にとって社会的活動としてフェイスブックが不可欠な場合、このような母親からの監視の目を免れることはできません。

ある母親は毎朝、自分の娘のフェイスブックを見ることを日課にしています。彼女は、アメリカの東海岸に住んでいる娘から一年以上連絡を絶たれているのです。娘はアロマセラピーの店を友人と共同経営していて、宣伝も兼ねてフェイスブックを使っているので、母親に見られていることがわかってもクローズすることができません。

ツイッターでも同じことが起きています。偽名のアカウントを複数駆使して娘をフォローし、日々の行動や状況をチェックしているのです。このようにSNSの登場によって、娘が母親をブロックすることはますます困難になりました。

逃げるために名前を変えたい

SNSの進歩は、親子関係において「絶縁」という方法が果たして可能か、という疑問を投げかけます。いまの日本に住んで、親から完全に絶縁をするためには、それまで築いてきた社会的な立場や仕事を犠牲にするほかありません。

関東地方に住む四〇代のアスカさんは、関西に住む母親と絶縁をしたいと思っています。母親によって、自分の人生が決められ縛られてきたと気づいたとき、夫と息子と一緒の幸せな生活が、破壊されるのではないかとこわくなったからです。

アスカさんの母親は七〇代半ばですが、経済力も体力もあり、その気になればいつでも新幹線に乗って彼女の住む街までやってくることができます。

彼女は仕事からの帰り道、自宅近辺に母親が潜んでいるのではないか、どこかで見張られているのではないかとこわくてたまりません。

夫がいるのでさすがに自宅に押し駆けることはできないはずですが、電信柱や建物の影に隠れているのではないかと、不安になります。

まるでストーカー被害者にも似たアスカさんですが、警察に相談することもできません。実際に何か被害が起きているわけではないし、実の母親をそこまで恐れると言えば、娘である自分のほうが妄想状態だと疑われることが、わかっているからです。

アスカさんは一刻も早く母親と絶縁したい。そうすればいつ母親がやってくるかと、不安になることもなくなるだろう、と考えています。しかし、そううまくいくのでしょうか。

三〇代前半のユカさんは、幼いころ父による性虐待があったことを思い出し、母からも精神的虐待を受けてきたことに気づき、カウンセリングに訪れました。それまでは、どちらかといえば親孝行な自慢の娘だったのです。彼女は改姓したいと強く訴えました。戸籍上の姓を変えれば、北海道に住む父と母から完全に逃げられるのではないかと思ったからです。それまでにも、突然都内のマンションに両親が押しかけ、非常口から逃げたことがあったのです。

彼女はある国家資格を持っており、インターネットで名前を検索すれば、職場の名前や所在地もわかってしまうと考え、職場のホームページに本名を公開することを拒否してきました。

それどころか、さらに不安が増した彼女は、名前まで変えたいと言い出しました。つまり、姓名をすべてを変えてしまえば、もう検索にもヒットせず、完全に親から逃げられるのではないかと考えたのです。それは、あなたがあなたでなくなることであり、アイデンティティを失うことである、だからその方法には賛成できない。そう告げた私に、ユカさんは納得できなかったようです。

このように、実は絶縁という方法は、ネット社会においてほとんど可能性がなくなっています。日本も、そして世界も、かつてよりはるかに狭くなっているのです。

期待を捨てれば距離がとれる

どう距離をとるか

ここで浮上するのが、不可能な絶縁よりも、現実的に距離をとることで実害を減らすという方法です。

母親と距離をとったほうがいい、これは母親との関係に苦しむ娘たちにとって、いまでは常識のように考えられています。でも、これほど難しいこともありません。いったい距離とは何でしょうか。何センチとか何キロとか、物理的に測定できるものではありません。あくまでそれは、娘の側にとっての距離であることを忘れてはなりません。娘は距離をとっているつもりでも、母親にそれが伝わるかどうかは別問題なのです。

現在の自分の不遇を振り返り、母親が自分をそのように陥れたと考える女性たちは一定の割合で存在します。そう考えれば考えるほど、母親に謝ってほしい、ごめんなさいと言ってほしい、時には償ってほしいという気持ちが強まります。

「こんなひどいことを私にしたんだよ、母親なのになぜ？」

「何度も説明したでしょ、ちゃんとわかってほしい、なのになぜ謝らないの」

と日夜苦しむのです。

母親にわかってもらいたい、わかってほしいと考えはじめると、毎日そのことばかり考えるようになります。いまの自分のみじめさを突きつけられると、そのぶんだけ母親への恨みや怒りが増すという悪循環が生じるからです。

母親のほうは、一定程度努力をする(したふりをする)のですが、娘の言っていることがまったくわかりません。

自分はせいいっぱいいい母親をやってきたのに、いまさらいい年をして私を責めるなんて、娘が精神的におかしくなったのだと思うのです。なかには病院に連れて行こうとする母親もいます。

このように、謝ってほしいと思うことで、逆に母親と娘の距離は縮まってしまうのです。この点は強調し過ぎることはありません。

復讐は距離を縮める

三五歳のマユさんは、妹や弟と比べてどうして自分は不平等に扱われたのかと考えてしまいます。

マユさんは短大を卒業し金融機関に就職しましたが、初任給からずっと給与の半分以上を実家のために提供しなければなりませんでした。自営業だった両親は、このままでは倒産するかもしれないと言い続けたので、マユさんは自分の小遣いも節約して実家を支えてきたのです。

職場と実家、休日には別のアルバイトと、寝食を惜しんで働いてきたのですが、なぜか妹と弟は四年制大学に進学しました。自分の楽しみよりも家族のためと節約してきたマユさんに比べ、妹はのびのびと大学生活を楽しみ、途中でニュージーランドに三カ月ホームステイまでしました。いまでは家庭を持ち子どもがふたりいます。

成績のよかった弟は、卒業後、国家資格をとって実家から離れた九州に住み、もうすぐ結婚の予定です。気がつくと自分は独身のままなのに、弟や妹は自由に人生を楽しみ、家庭を築いている。どうしてこんな不平等が生じたのか。

そう考えるようになったのは、ひとり暮らしをはじめた二年前からでした。貯金をはたいて家を出たのは、当時交際していた男性と自由に会いたいと思ったからです。ところが彼は別の女性と二股をかけていて、結果的に別れることになりました。ショックを受けたマユさんは、実家に戻ることもできず、ひとりでこれまでの人生を振り返ることになりました。

幼い頃からのことを振り返ると、やはり自分だけが不平等に扱われたという結論に行き着いてしまいます。そして最後は、すべてが母親の陰謀ではないか、と思うようになりました。実はそれほど経済的にひっ迫していたわけでもないのに、マユさんを脅して働かせた、そのお金で妹や弟も無事進学でき、いつのまにか家業も安定した。なのにひと言のお礼もなければ、そのお金を返すつもりもない。

私ひとりが犠牲になって不安定な生活を送っている。母親を訴えてもいいのではないか、とマユさんは考えるようになったのです。

カウンセリングにやってきたマユさんは、母親のことを激しく批判しののしります。あんなひどい母親がなぜのうのうと生きているのか、と。でも、そんな母親から距離をとろうとする気配はありません。むしろ頻繁に実家に電話し、母親を責め、会って謝罪してほしいと要求するのです。

仲が良くて距離がないのであれば、こんな素晴らしいことはありません。お互い幸せなのですから。けれどもマユさんの場合は、マユさんの怒りと、母親の当惑と恐怖によって、むしろ苦しみながらふたりの距離は縮まっています。

距離をとり会わなくなることは、母親を許してしまうことになる。マユさんはそう考えているのかもしれません。ずっと苦しませることが母親への復讐なのかもしれません。カウンセラーとして、しばしば当惑してしまうのは、このような娘たちの言葉です。いったい、何を望んでいるのだろう、カウンセリングは果たして彼女たちの期待に応えられるのかと、不安になってしまうのです。

私のことをわかってほしい

母親たちにわかってほしいと求め続ける娘たちを見ると、やはり距離がないと思わざるを得ません。

「こんなに苦しんでいることをわかってほしい」「何度説明しても母親がわかってくれない」「母親だったらわかってくれてもいいのでは」

こんな言葉を聞くたびに、ああ、この人たちは母親に期待があるのだな、と思うのです。母親なら娘のことをわかってくれるはず、私を産んだ人なら娘がどれほど苦しいかわかってくれてもいいじゃないか、という期待です。

今から四〇年近く前のことですが、ウーマンリブを日本で最初に提唱した田中美津さんが、「わかってもらおうと思うは乞食の心」(『いのちの女たちへ―とり乱しウーマン・リブ論』田畑書店)と述べています。このフレーズはこの本ばかりでなく、田中美津さんが講演で語ることで、多くの人に共感をもって受け止められました。娘たちの願いを聞きながらいつも思い出す言葉です。

母親と娘だけではなく、しばしば女性同士が友達になるとき、「私のことをわかってほしい」と願います。そして、自分が思うようにわかってもらえないと、今度は裏切られたと感じたり、恨んだりする。

そんなことはやめようじゃないか、わかってほしいと思うことは独りよがりなのだから。勝手にわかってくれるはずなんて考えることは、期待する相手の奴隷になることじゃないだろうか。だからそんなみじめなことはやめよう。こう美津さんは考えていたのではないでしょうか。

同じことは娘たちにも言えます。いくら母親が自分を産んだ人だとしても、娘のことを理解していない可能性もある。年齢だって世代だって離れているのに、どうして二〇歳を過ぎた娘のことがすべてわかるのだろう。自分のことでもよくわかっているとは言い難いのに、ひとのことがわかるはずがない。母親だったらわかってほしいと期待することは、母親次第であると認め、結局母親の一言一句に喜んだり悲しんだりすることになる。それは母親の奴隷になることではないでしょうか。

母親に変わってほしい、という期待も同じです。今度こそわかってくれる、あの言葉はわかってくれた証拠じゃないか、と考え続ければ、ずっと離れられなくなり、距離はどんどん近くなるのです。

そう、母親と距離をつくるには、母親への期待を捨てなければならないのです。母親に期待することはむしろあたりまえですから、それが悪いというわけではありません。ただ母親との関係から解放されたいと思うのであれば、ひと言いえるとしたら、やっぱり「期待を捨てる」ということになります。

期待を捨てるとは、母親は母親なりの考えを持っており、それを自分は理解できないと認めることです。自分の言葉が母親に届くことを、期待しないことです。ただ残念なのは、母親は娘のことは理解していると考えていますし、娘への期待を捨ててはいないということです。

この一方通行とも思える、母親と娘の「非対称性」(すれ違いや不均衡)は次のエピソードにあらわれています。

恐怖の宅配便

「恐怖の宅配便」という言葉をご存知でしょうか。グループカウンセリングでは固有名詞となっているほどよく知られています。

突然実家の母親から、娘の家に宅配便が届きます。開けるとたいてい、たくさんの家庭菜園で採れた野菜、賞味期限が切れた和菓子などが入っている。もしくは要らなくなった景品や、着るはずもない衣服、使用感のあるアクセサリーや雑貨。ときには、想定外の金額の現金が入っていることもあります。

三〇本のきゅうりや泥付きの大根一〇本を、いったいどう処分すればいいのでしょう。これが続くと、娘たちはもう箱が届くことを恐怖としか感じられません。

さらに、届いた翌日には、お礼の電話がないという文句が入ることも共通しています。娘には何が必要かと考えた結果ではなく、母親が送りたいものを送ってくるのです。それでいて、感謝しないと文句を言う。多くの娘たちは、母親のこのような突然の宅配便攻撃に戦々恐々としています。

ではいったいどうやって母親と距離をとっていけばいいのでしょうか。次に少しシビアな状況も含めて具体的な方法を考えてみましょう。

距離をとる具体的な方法

別居している娘の場合

まず、すでに別居をしている娘が、母親と距離をとる方法を、ソフトな方法（無難なやり方）からハードなものまで、順番に述べてみましょう。

①会う回数、メールの返信の数を減らす

多くの娘たちは、母親の要求に異を唱えるともっとすごいことが起きるという恐怖から、週末には必ず母親と会うようにしています。もしくは自分のほうから電話をして、母親に近況を報告しています。

機嫌を損ねるとどこまでヒステリックになるか、どこまで責められるかがわかっているので、無難に事態を収めるためにこのような関係をつくっているのです。しかし

このことが、母親にしてみると安心材料になり、娘には私が必要なのだという思い込みにつながっているのです。

あるとき、覚悟して、母親に宣言をしなければなりません。

「お母さん、仕事が忙しいので毎週末は会えないわ」

「メールをたくさんもらっても、返信は三日に一回くらいにしたいの」

母親の反応は目に見えています。必ず反発、逆上、攻撃といった反撃に出てくることが予想できます。

それでもこわがらずに、勇気を持って宣言するのです。

理由は仕事が忙しい、育児が忙しいという、もっともらしい内容で十分ですが、どんな理由でも母親は絶対に納得しません。これは覚悟しておくことです。

そして、母親が納得しなければ自分は何もできない、という思い込みを疑ってみましょう。小学生ではないのです。母の許可がなければ外出できない幼児ではないのです。何事も母親の同意を得なければ決定できないなんて、それこそヘンではないでしょうか。

落ち着いて、感情的にならず、何度も練習をしたうえで、できるだけ低い声で「これまでのようにはできない」ということを宣言するのです。

②限られたときだけ会う

冠婚葬祭のときだけ母親と顔を合わせるという人がいます。すでに四年間、母親と会っていなかったある女性の話です。

叔父が亡くなり、葬儀の連絡を受けた彼女は、ここまで長く母親と会わなかったことに、どこか罪悪感を抱いていました。再会したら、きっと長いあいだ顔を見せなかったことを責められる、とも思っていたのです。

けれども実際は違いました。葬儀場の控室で再会した母親は、まるで四年間のブランクなどなかったように近寄ってきて、実家の近所に住む女性のうわさ話を、得々と話しはじめたのです。

このように、娘の想像とは反対に、娘のほうから連絡を絶ったことをそれほど深刻に考えていない母親は多いものです。

小学校に入った娘に、祖母の存在を知らせようと思い、五年ぶりに実家に行った女性もいます。祖父母の存在を娘から奪うことはできない、と考え抜いたあげく帰郷したのですが、久しぶりの対面にもけろりとして、特に孫のことをかわいがるわけでもない母の様子に「かえって安心したんです」と語ってくれました。

多くの場合、母親に会わないことで、娘のほうはかなり深刻に罪悪感を抱くのですが、母親のほうは、「なかったことにする」スキルが人一倍巧みなのです。

母親たちは長年、人生を「なかったことにする」という対応で、サバイバルしてきました。夫の浮気もなかったこと、自分の思い描いた人生とはまったく違う生活もなかったこと、こうやって母たちはたくましく生きてきたのです。

自分が娘から距離をとられているなどと考えたら、そんなみじめなことに耐えられないでしょう。生きていけないでしょうから、なかったことにするのです。たくましさの裏側には、自分の置かれた状況を見つめることができないという、母親たちの脆《もろ》さがひそんでいるのです。

読者のみなさんに伝えたいのは、母親たちは「娘の思い切った行動を、なかったことにしてしまう」可能性が高い、ということです。これを利用すれば、決めたときにしか会わないという方法は、意外と受け入れられるかもしれないのです。だから、安心して実行してみましょう。

③会わないようにする

これは絶縁といってもいいでしょう。しかしあえてそう言わないのは、先にお伝えしたように完全に絶縁するということが、いまの日本では難しいからです。

夫婦は離婚できますが、親子はそうはいきません。母親が病気になった、手術をする、といったときに、ほかに近親者がいなければ、最後にはまわりまわって娘のところに同意書を書くように要求がくるでしょう。

会わないための三つの対策

それでは、この「③会わないようにする」について、もう少し具体的な対策を詳しく述べてみます。

a.姿を隠す

会うのがこわい、会ったら必ず言いくるめられて母親の言うとおりになってしまう。顔を見ると過呼吸が起きる。こんな状態に追いつめられたら、一時的にホテルかマンスリーマンションに逃げましょう。そこで少し落ち着いたら、母親に手紙を書きます。「しばらく会うことはできません。連絡をとらないでください。探さないでください」といった心情を宣言する手紙です。

手紙を出すと大ごとになる場合もあります。母親が捜索願を出す危険性もあるので、多くの娘たちは、何も伝えずに姿を隠す(住所を変える)、携帯番号を変える、といった方法をとります。それでも、母親が放っておくはずはありません。しかし、恐れていては何もできません。

ただし、この方法は親から経済的に独立している人にだけ可能な方法です。いくら住まいや携帯番号を変えても職場から居場所を突き止められると思うかもしれませんが、実際にこのような方法をとって、親が職場に押し掛けたという例を私は知りません。この点はストーカーとは違います。

つまり、娘が相当な覚悟を持って自分を拒んでいることがわかったとき、母親は今後の関係が最低限円満に維持されるために、ときには世間体のために、強硬手段はとらないということなのです。また、前節で述べたように、母親は「なかったことにする」のが巧みですから、それほど逆襲はしないものなのです。

多くの娘たちが抱く「そんな極端なことしたら母からどんなことをされるか……」という恐れは、意外と的外れだといえます。

b.夫を盾にして会わないようにする

結婚し、出産して、同じ立場になったとき母親に疑問を抱くようになった女性たちについてはここまでいろいろ述べてきました。彼女たちがどうやって母親に会わないでいられるかについては、夫の協力が欠かせません。かろうじて夫の存在によって母親から守られている女性たちは、多いのです。

母親の自慢の娘として偏差値の高い大学を卒業し、一流会社で働いていたミユキさんは、同僚と結婚し、妊娠しました。職場も夫も了解してくれたのでもちろん産休後は職場に復帰することを考えていたのですが、出産して半年ほどで重いうつ病になりました。

家事も育児もままならなくなって、とうとう入院したミユキさんでしたが、まわりの薦めがあっても、実家の母親に手助けしてもらうことだけはできませんでした。

近くに住む夫の母親に力を貸してもらうことで、なんとか退院しましたが、最終的に職場を辞める決心をしました。入院治療やカウンセリングを経験するなかで、これまでの人生を振り返り、果たして私の人生は自分で選んできた道だったのだろうかと疑問を持ったのです。

ミユキさんにとってもっとも大切なのは夫と息子でした。それだけはかけがえのないものでしたが、学歴や職業は、考えてみればずっと母親が敷いた路線を走ってきたような気がしたのです。

うつ状態から抜け出るにつれて、母親の存在がこわくなりました。自分の期待する道を外れた娘を母親はどう考えているか、これから娘をどう導くか手ぐすねを引いている母の姿が目に浮かぶようでした。

ミユキさんはカウンセラーの協力を得て、夫に頼みました。

「私の回復には母との距離が必要なの。どうしても母が接触をしてきたら、あなたが盾になって私を守ってほしい。いままでされてきた母の支配についてはもう少し元気になったら説明するから」

そう伝えたミユキさんに、夫は深くうなずき、わかってくれたのです。

「だいじょうぶ、任せてほしい」と約束してくれた夫は、それ以降母親からのあらゆる接触をやんわりと断り、ミユキさんが元気になるまで待ってほしいと言い続けたのです。

母親と会わないまま五年がたち、ミユキさんはうつも回復して、現在は得意な語学を生かして翻訳の仕事を志しています。

ミユキさんのように、母親と断絶状態を保つには、夫の協力が不可欠です。カウンセリングを利用して夫の理解を求める女性もいますし、気長に説明し続ける女性もいます。

大切な妻が必死で説明することに耳を傾けるかどうか、そこが夫に対して信頼が持てるかどうかのひとつの分岐点にもなるのです。

C.弁護士に依頼する

もしあなたが独身の場合、盾にできるのは誰でしょう。最悪の場合、弁護士に依頼することも可能です。これまでの事情、特に虐待されたと思われる記憶などを説明することで、弁護士に今後の連絡の仲介役を担ってもらうのです。

たとえば父親から性虐待を受けていた、母親に収入の多くを搾取されていた、ひどい身体的虐待があったなどのことを思い出した場合、弁護士を母親との連絡窓口にするという依頼は可能です。カウンセリングの経験のなかで、そのような女性は数人います。

そこまでひどくないと考えて迷っている方には、まずカウンセリングなどをとおして相談することをお薦めします。弁護士なら誰でもいいわけではありませんので、カウンセラーから信頼できる弁護士を紹介してもらいましょう。

自分の経験を誰かに聞いてもらうことで、ときには最終的な手段をとらなくてもよくなることもあります。

同居している娘の場合

さまざまな事情で、母親と同居しなければならない娘たちは少なくありません。特に地方都市の場合、多くの親戚づき合いなどもあり、母親と娘、親と子だけの関係で判断するのが困難な場合が多いでしょう。その場合は一緒に暮らしながらどうやって母親と距離をとるかを考える必要があります。

重要なのは、距離をとるのはまず第一に、母親を傷つけたり、母親にわかってもらうためでなく、娘であるあなた自身を守るためだということです。母親からこれ以上侵入されたり、傷つけられたりしないためなのです。そう考えることで自信を持ってください。

それでは、具体的な方法を書いていきましょう。

①顔を合わせる時間を減らす

居間にいる時間を減らし、自分の部屋にいる時間を増やしましょう。もしくは休日は極力外出し、母親と顔を合わせる時間を減らすのです。物理的に会う時間が減ることはそれなりに効果があります。

②あいさつをする

これがどうして距離をつくるのかと思われるでしょう。実はあいさつとは、他人同士でするものなのです。

家族同士でまったく挨拶をしない人たちがいます。無言で食事、帰宅しても無言、お茶を入れても無言……。

これは距離がないから可能なのです。ところがあいさつは距離をつくります。母親に対しても必ずあいさつをしましょう。「ありがとう」「ただいま」「おかえりなさい」と、しつこいくらいの挨拶を伝えることです。母親は「どうしてそんな？　よそよそしいじゃないの」と言うかもしれません。そう反応されたら成功したと思いましょう。

よそよそしいと感じられたら、それは母親が距離をとられたと感じている証拠なのです。

③ていねい語を使う

それぞれの家族はそれぞれ独自の言葉づかいを持っています。ぞんざいな口調も家族ならではのものです。それで問題がなければ別にぞんざいでもいいのですが、母親と距離をとりたいなら、ていねいな言葉を使いましょう。

「お母さん、お願いします」「よろしいでしょうか」「はいわかりました」「どうもありがとうございました」

これらの口調を、母親がどんなにいやがってもしつこく繰り返しましょう。ていねい語はあいさつと同じです。いずれも相手とのあいだに距離をつくるはたらきを持っています。

たぶん「なんでそんな言葉を使うの、他人行儀じゃない、やめてよ」と言われるでしょう。そうしたら、大成功です。

距離をつくるのは言葉

母親と別居をすればいいのか、三〇キロメートルでなく一〇〇キロメートル遠方に住めばいいのか。こんな物理的距離と、心理的距離は大きく異なっています。地球の裏側に離れて住んでいても毎朝スカイプで会話し、LINEでこころを通わせている夫婦もいれば、狭いマンションで「家庭内別居」して顔も合わさない夫婦もいることを考えれば、このことははっきり理解されるでしょう。言い換えれば、母親と別居できなくても、距離をとることは可能なのです。

ネット社会、ＳＮＳの日常生活への浸透を考えると、むしろ「心理的」距離に重点を置くべきだと私は考えています。母親と三メートルしか距離がなくても、ていねいであいさつを交えた言葉づかいをすることによって、距離が保てるのです。

そして、不思議なことに心理的距離ができると、同じ空間で共存できるようになるのです。

よそよそしい、他人行儀な言葉を使うことで、心理的距離は生まれます。黙ってころのなかで距離をとる、気持を切り換えることで距離をとると言う人がいますが、私は信じません。心理的な距離はまず言葉からはじまるからです。

次節で述べるのは母親と共存するためにはお友達になればいいという提案です。お友達には、距離がつきものです。ベッタリすれば、必ず限界がきてしまうことは、いままでの友達づき合いのなかでおわかりのことでしょう。

母親と友達になれますか

これからもつき合えるかどうかを見極める

問題を抱えている母娘関係には、いろいろなタイプがあります。拙著『母が重くてたまらない─墓守娘の嘆き』のなかで、母親と娘を分類してみました。

独裁者としての母─従者としての娘
殉教者としての母─永遠の罪悪感にさいなまされる娘
同志としての母─絆から離脱不能な娘
騎手としての母─代理走者としての娘
嫉妬する母─芽を摘まれる娘
スポンサーとしての母─自立を奪われる娘

これらのタイプをひとつひとつを説明することはしませんが、読むだけで多くの女性たちには思いあたるふしがあるのではないでしょうか。

さて、あなたがこれからどう母親とつき合っていくか、断絶するか、うまく距離をとれるかの見極め方として、ひとつ提案があります。それは「母親と友達になれるかどうか」ということを基準にすることとです。

母親だから、家族だからつき合うのはとても大変だけれど、もし他人だったらつき合い続けられるかどうか考えてみてください。いや、あんな友達はムリ、友達でなんかいたくない、と思ったら、それがひとつの分かれ道かもしれません。

自分の母親について、著名人が書いたり語ったりした実例を知ると、「こういう母親とは到底友達になれないわ」と思わされるキャラクターばかりです。このひとが母親と離れたいと思うのは当然だと、共感を覚えます。

そして友達なら、会う会わないを自分で選べますので、一定の距離をつくることができます。しかし母親との関係は、多くは娘ではなく、母親の側に選ぶ権利があると考えられがちです。

娘のほうでもまず母親の気持ちを優先した上で判断しますので、結果的に、どんどん母親の思いどおりに関係が動いてきます。これが「重い」と感じる最大の要因です。

個人的な話になりますが、私は若い頃、「お母さんと顔が似ているね」と言われると、嬉しかったものです。母は娘から見てもきれいなひとで、少女のような部分を持っていましたので、同じ年齢なら友達になれたかもしれません。そう思える私はある意味幸せものかもしれません。

繰り返しになりますが、自分の母親のようなひととは、とうてい友達になれないと思うなら、前節で提案した距離をとる方法を試してみましょう。そして、そう判断する自分を肯定しましょう。

なぜなら成人した女性同士で友達になれそうもないと思うなら、距離をとることはあたりまえで、誰にも非難されることのない当然の判断といえるからです。

女性である前に人間である

私たち女性は骨の髄まで女性なのではありません。男性と同じ人間です。人間というベースに子宮や膨らんだ乳房をはじめとした、女という属性がプラスされているのです。

けれどもなぜか女性は、自分が人間であるということより前に、まず女であることを意識しなければなりません。そうしないと生きづらい場面があまりにも多いのです。人間ということを覆い隠すように、女というジェンダー(社会的につくられた女らしさ)が貼りついているのです。

いっぽうで男性は、男というより人間だと思っています。ボクシングで闘っているとき以外は、「骨の髄まで男である」などとは考えず、「俺は人間だ」と思っているだけです。

たとえば女性から、「あなたも性犯罪者と同じ男性ですよね」と質問されたとき、彼らはどういう反応をするでしょう。「ええ？　そうですね、同じ男ではありますね」と、冷静に応える男性は、相当深く考え抜いている人です。

多くはその質問をされたことに驚き、「あいつら、人間じゃないですから！」と、声高に性犯罪者の男たちをまず「人間」という分類から外そうとします。人間でない(獣とでも言いたいのでしょうか？)性犯罪者対人間である自分、という構図に持っていこうとしているのです。そもそも、男性がジェンダー(男らしさ)を意識するのはそういう特殊なときだけで、ふだんはman＝humanという壮大な図式の上に乗っかっていて、めったにジェンダーやセクシュアリティ(性自認)について考えなくていいという、とてもハッピーなひとたちなのです。これはとても不平等なことではないでしょうか。

女性は夜道を歩くとき、満員電車に乗るときなど、さまざまなシーンで女であることを意識させられます。それは強制されると言っていいでしょう。絶えず、被害を受けるかもしれないという防衛体制を崩せません。それでいて被害に遭っても、油断していたからだ、抵抗しなかったから同意していた、隙があった、スカートが短か過ぎた……などなど、バッシングされてしまうのです。

フェミニズムについて、よく誤解されがちですが、敬愛する女性学の研究者が主張しているように、「弱者の思想」だと私は考えています。弱者が弱者であることで尊重される、弱者であるままで生き延びることができる社会を目指す考えなのです。わかりやすく言えば、男性と女性とを比べれば、人間＝男と考えることに疑問すら抱かない男性に比べ、女性はやはり弱者なのです。オリンピックの競技が男性と女性に分かれているのも、その理由からでしょう。

男と女、障がい者と健常者、おとなと子どもを、同じ人間として平等であるとわざわざ憲法に定めて人権を認めなければならないのは、実際にはさまざまな点で差異があり、力の強弱があるからなのです。強弱の差があることを自覚し、「やられたらやりかえす」ではなく、弱者がそのまま、きちんと生きられることを目指すのがフェミニズムの思想なのです。

親と子、母親と娘も同じです。まずは娘は母親に比べて弱者であることを、はっきり自覚しましょう。かつては、母親に対する反論や批判すら許されなかった娘たちですが、フェミニズムに触れ、母親も自分と同じ女性であること(共通のジェンダー)を見つめる必要があります。

自分の母親が「女」であることを改めて認識するということは、共通点をいやがうえでも知ることなのです。それによって、母親との距離が近くなるのではないかと考えるひともいるでしょう。でも、少なくとも娘から母親の人生をもう一度知ることは、女性同士だからこそできることなのです。

グループカウンセリングなどで提案している「母親研究」は、娘が自分の立場から、母親の生育歴をたどって研究するというものです。

なぜ若々しく希望に満ちていたはずの女性が、結婚して自分を産み、目の前のこんなおばさんになってしまったのか。理想を語っていたはずの口から聞かされるのは、夫や自分の生活の不満ばかり……。

「なぜそうなってしまったのか」。この問題意識が、母親研究の基本になっています。

これを解き明かさないでいる限り、娘たちは、母親のことをモンスターのように感じたまま、いたずらに「毒母」呼ばわりしたり、わけもわからずこわくなったり、反対に罪悪感におそわれたりします。

目の前の母親に対して感情的に反応することは、逆に母親と娘の距離を近くするということを再度強調しておきましょう。

生活のなかのさまざまな工夫で母との関係が調整できること、ときには同居しながらなんとかひとつ屋根の下で共存できることについて、本書で述べてきました。

しかし最後に必要なのは、娘たちが、母親を見つめ、どうしてあのような人生を送ったのかということをを研究することでしょう。そうやって母の人生をクリアにすることで、意味不明だった恐怖は減り、わけがわからないという謎も少なくなるでしょう。

母親がこれまで生きてきた歴史、同じ女性として苦しんだり迷ってきた背景をそれなりに理解しようとする。このような「母親研究」こそが、同じ女性として母親を知ることであり、ひいては母親の人生と自分の人生を分けることにつながると思っています。知識とは、分けることから生まれるのです。

おわりに

「母」とは孤独なものである

今どきの若いひとたち(という表現は、すでに私が高齢者であることを表していますが)に、あまり使われなくなった言葉のひとつに「孤独」があります。背景にはインターネットの普及があるのではないか、というのが私なりの推測です。ネットをとおして私たちは、瞬時に世界中のひとと交信できます。それをつながりと考えるか、単に情報を得るだけと考えるのかは個人差があります。

パソコンやスマホの画面を眺めていれば、世界中のひとから投稿された動画を見ることができます。地球の裏側に住んでいる知人とメールやＳＮＳでやりとりもできます。そうしていることでいつのまにか「孤独」というイメージは遠いものになっていきます。

星の王子さまの絵本のように、暗い宇宙にぽっかり浮かぶ小さな星ではなく、たえず電波が飛び交い、光に満ちて、にぎやかに無数の交信が行われている星が地球なのです。

ところが情報の交換の頻繁さに反比例して、私たちが生の言葉で語り、聞くという機会は減ってきました。私もそうですが、携帯で直接話すより、ＳＮＳでやりとりするほうが面倒じゃないという感覚がいつのまにか生まれてきています。

そうなるといったい孤独ってなんだろう、と思わざるを得ません。ひとりぼっちという表現は、学校や職場のいじめなどでは用いられますが、それと孤独とは違います。孤独という言葉が存在価値を失いつつあるということは、哲学の衰退にもつながるでしょう。

青春の一時期「自分とは何か」「私たちはなぜ生きるのか」といった根底的な問いを発することが、かつてはありました。それが哲学というものの意味を生み出したのですが、いまは考えるより先に、方法を探し求めるようになっています。

どうやって効果を生むか、どうやったら達成できるか、そのための方法は？という思考法が、骨の髄まで染みついた若者が多くなりました。

就活のためのエントリーシートを見るとその稚拙な内容に愕然としますが、あそこに書いてあることが、自己アピールなのですから、ふだんの思考法もそうなるのも無理ないでしょう。

孤独という言葉に含まれた、ひとりで自分を見つめる、なぜ？　ＷＨＹ？　という問いを根底まで突きつける。これが学問だと思いますが、いまはむしろＨＯＷ（方法）のほうに重心が傾いているように思われます。

本書は、母との関係に苦しんでいる多くの娘たちを念頭に置いて、彼女たちが母親から解放されるために書かれたものです。母娘問題は「毒母」「毒親」という言葉と重ねてとらえられがちですが、その点に対する私の考えやスタンスも詳しく述べました。評論家や研究者ではなく、カウンセラーであることから、常に私には方法論が求められます。なぜ（ＷＨＹ）と問いつつ、どうするのか（ＨＯＷ）も求められてきました。二〇〇八年以来カウンセリングの現場で頭をひねり、誰も前を歩いていない山を登るように、母親への対応を娘の立場から探ってきたのです。

本書は、そんな努力の到達点といえるでしょう。母親との距離のとり方、関係の絶ち方を具体的に述べた本はこれまでなかったと思います。どうかお読みになって、参考にしていただきたいと思います。

もうひとつの対象は、これから母になる、母になった人たちです。本書を読んで自分の母、そして子どもという三世代にわたる流れを視野に入れていただきたいと思います。

世代間連鎖という言葉に脅えることはありません。繰り返さないように努力するだけで、それは防ぐことができるのです。

そして、最後にお伝えしたいのは、母親とは孤独なものであるということです。自分の体の一部だった胎児を産み、そして三〇年以上経てば、まったく別の人間として娘を扱わなければならないのです。もともと他人だった夫とのあいだの孤独に耐えるより、それははるかに難しいでしょう。

本書で提案したかったのは、それでも娘を別の人間として扱うこと、その孤独に耐えることです。最後まで自分を裏切らず看取ってくれる、そんな存在として娘に期待することはやめましょう。

耳に痛い提案かもしれませんが、もうこれまで十分に娘からは喜びや楽しみを与えてもらったのだ、そう考えれば、納得していただけるはずです。娘が母親から解放されれば、母親も母であることから解放されるのです。

多くの娘たち、そして母親たちに読んでいただければ、この上ない幸せです。

最後になりましたが企画から出版までお世話になったホーム社の原多恵子さん、編集の加藤真理さんに心よりのお礼を申し上げます。ありがとうございました。

二〇一六年五月、高原の新緑の風をほほに受けながら

信田さよ子

信田さよ子〔のぶた・さよこ〕

1946 年岐阜県生まれ。お茶の水女子大学大学院修士課程修了。
臨床心理士。原宿カウンセリングセンター所長。
AC（アダルト・チルドレン）、DV（ドメスティック・バイオレンス）、
虐待、アルコール依存症などについてのカウンセリングの経験から、
家族の問題に対して新たな提言を行ってきた。

主な著書に
『母が重くてたまらない―墓守娘の嘆き』
『共依存』
『それでも、家族は続く―カウンセリングの現場で考える 』
『家族の悩みにおこたえしましょう』
『家族収容所―愛がなくても妻を続けるために』
『傷つく人、傷つける人』など多数。
最新著に『アディクション臨床入門』がある。

母《はは》からの解放《かいほう》　娘《むすめ》たちの声《こえ》は届《とど》くか

2016年7月31日　第1刷発行

著者　信田《のぶた》さよ子《こ》

発行人　吉倉英雄

発行所　株式会社 ホーム社

〒101-0051 東京都千代田区神田神保町3-29 共同ビル
電話［編集部］03-5211-2966

発売元　株式会社 集英社

〒101-8050 東京都千代田区一ツ橋2-5-10
電話［販売部］03-3230-6393（書店専用）
［読者係］03-3230-6080

印刷所　大日本印刷株式会社

製本所　株式会社ブックアート

編集協力　加藤真理

装幀　宗利淳一

ISBN 978-4-8342- 5312- 2　C0095